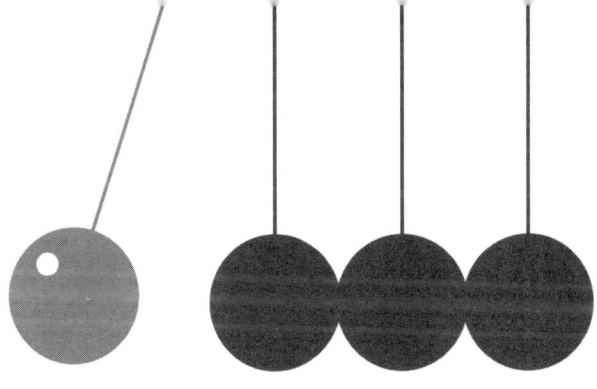

天生领袖

激活潜在领导力的FED法则

原书第二版

Leadership
Plain and Simple

STEVE RADCLIFFE

〔英〕史蒂夫·拉德克利夫 —— 著

马林梅 —— 译

C\`S | 湖南科学技术出版社

前　言

人们很容易相信太阳底下无新事，所谓的新想法只不过是对古典管理智慧进行了无关痛痒的改动而已。

我们不认同这一观点。事实上，过去25年来，我们一直幸运地与世界上最卓越的商业思想家开展合作，如彼得·德鲁克（Peter Drucker）、谢尔·诺德斯壮（Kjell Nordstrom）、沃伦·本尼斯（Warren Bennis）、查尔斯·汉迪（Charles Handy）、乔纳斯·瑞德斯卓（Jonas Ridderstrale）等。现在，我们正在编制一个商业大师排名，即"50大思想家"（见www.thinkers50.com），目的是选出为企业管理者的实际经营做出最大贡献的50位思想家。

上述观点之所以错误，是因为商业理念确实改变了人们管理企业的方式。正如我们所言，一些人如饥似渴地阅读普拉哈拉德（CK Prahalad）、马尔科姆·格拉德威尔（Malcolm Gladwell）最近出版的大作或者我们的书籍，并思考如何将其中的有益思想运用于组织中。

商业图书具有针对性强、读者要求高的特点。读者希望能开卷有益，期待书中有切实可行的思想，在下次营销会议上就能用到。

这正是史蒂夫·拉德克利夫的大作值得阅读、其建议值得倾听的原因。

遗憾的是，我们关注史蒂夫的世界太晚了，他一直在我们的雷达探测下匍匐前行。事实上，他已在管理雷达的探测范围之外默默耕耘了多年，他和团队对许多组织的领导人产生了深刻的影响，如联合利华的尼尔·菲茨杰拉德（Niall Fitzgerald）、英国内阁的古斯·奥唐奈格斯爵士（Gus O'Donnell），还有数以百计的其他领导人。直到现在，领导界对史蒂夫的了解都非常有限。

以后恐怕无法再这样了。2008 年，行事一向低调的史蒂夫在"共同进步"的理念指引下，出版了自己的著作。在这部著作中他提出了"未来—激励—践行"模型。与其他出色的模型一样，这一模型简单易懂，但要求苛刻。随后，史蒂夫的房子几乎变成了书库，一箱箱的书被寄走。他的手机也开始响个不停。打算运用书中思想的校长和官员们也给他发邮件。商界领袖也开始联系他，因为书中的方法很好地契合了他们的现实。

　　人们喜爱本书，因为本书中介绍的方法可以应用到他们的实践中，进而改变他们的生活。本书引起了人们越来越多的关注，并引发了领导力思维和行为的真正变革。

　　史蒂夫·拉德克利夫的著作观点新颖、饱含激情，能够消除世俗的偏见。我们发觉，与他一起共事，我们的立场、工作目的和方法、目标都会变得愈加清晰。最后，我们想说的是，我们每个人都希望改善自己及周围人的生活，史蒂夫·拉德克利夫能助你梦想成真。

　　斯图尔特·克雷纳（Stuart Crainer）& 戴斯·狄洛夫（Des Dearlove），西班牙 IE 商学院客座教授，"50 大思想家"排名创立者，畅销书作者。

序

欢迎阅读《天生领袖：激活潜在领导力的 FED 法则》的第二版。几年前撰写和出版本书时，我觉得这本书至少记录了我有关领导力的真实想法。现在呈现在读者眼前的是本书的第二版，由金融时报出版社出版。目前，本书已成为畅销书。

在亚马逊英国网站上搜索"leadership"（领导力）一词，显示的图书多达 50000 多本。过去一年多时间以来，本书在该网站上一直排名第一。有 100 多位读者给出了 5 星的评价，高于网站上任何其他商业图书。

本书在几个方面扣动了读者的心弦。首先，它不是理论说教，而是在介绍一种方法，我们称其为未来—激励—践行(Future—Engage—Deliver)法或 FED 法。读者可现学现用这种方法；其次，它化繁为简，抛开了致使领导工作复杂化的因素；再次，它鼓励所有人都将自己视为领导者，并坚信自己无论做什么，都能更加自信、更加冷静、更加高效。

《泰晤士报》(*The Times*)这样描述 FED："简单实用的方法……震撼了领导界"。我们希望改变人们的领导力思维，让更多的人明白，困难时期组织需要的不只是高层的领导力，还需要各个层次的领导力。时局良好、预算增加、增长容易实现时，这可能不是组织优先考虑的事项，但现在时局艰难，大多数组织只靠几个高层"领导人"向其他人传递信息是远远不够的。

最令我们欣慰的是，这一新理念正在健康、教育、艺术和慈善以及商业和公共服务领域得到推广。我高兴地看到，在我们团队的帮助下，教师、医生、护士、公务员和其他职业的人越来越明白，只要方法得当，无论职位或头衔如何，他们都能成长为领导者。

为了进一步激发这种思维，我在第二版中增加了一章内容，阐明了如何运用 FED 法给整个组织带来巨大的变化。本版还新增了不同类别的领导人在不同背景下运用 FED 法的故事，我也希望读者能从中得到启迪，获得力量。

正如封面所示"掌握了 FED(未来—激励—践行)法，任何人都能成为领袖。"

史蒂夫·拉德克利夫

2012 年 2 月

特别鸣谢

得幸运女神眷顾，我拥有一支卓越的支持团队。很多人为我的成长和发展做出了贡献，在此向他们致以深深的谢意。首先，非常感谢那些给我们提供工作和学习机会的人。

他们包括：

莎拉·亚历山大（Sarah Alexander），英国青年管弦乐团（National Youth）团长兼艺术总监

安迪·安森（Andy Anson），英国 2018 年世界杯申办团队（England 2018，The Football Association）首席执行官

理查德·贝克（Richard Baker），英国联合博姿公司（Alliance Boots）前总裁，维珍行动（Virgin Active）连锁和 DFS 家具连锁零售公司现任主席

弗格斯·鲍尔弗（Fergus Balfour），联合利华化妆品国际

分公司(Unilever Cosmetics International)首席执行官

维迪·邦加(Vindi Banga)，联合利华食品公司(Unilever Foods)董事会主席

约翰·巴伯(John Barbour)，玩具反斗城在线零售网(ToysRUs. com)首席执行官

杰里米·贝文(Jeremy Bevan)，思科国际(Cisco International)美洲区、中东欧非及俄罗斯区(EMEAR)营销部主管

理查德·贝文(Richard Bevan)，英格兰足球联赛领队协会(League Managers Association)会长

卡伊·布尤斯(Kay Bews)，英国慈善机构"从家开始"(Homestart)总裁

安迪·博德(Andy Bird)，布兰德学习咨询公司总经理

伊恩·布拉德利(Ian Bradley)，美泰加拿大公司总裁

休·布基特(Ian Bradley)，英国营销协会行政总裁

凯特·卡迪(Kate Carty)，英国诺丁汉郡(Nottinghamshire)首席检察官

娜塔莉·采尼(Natalie Ceeney)，英国国家档案馆前馆长，

英国金融服务部（Financial Ombudsman Service）现部长

苏玛·沙克拉巴蒂爵士（Suma Chakrabarti），英国司法部（Ministry of Justice）常务秘书

丽塔·克利夫顿（Rita Clifton），英国国际品牌咨询公司（Interbrand UK）董事会主席

约翰·库姆斯（John Coombs），联合利华风险投资公司总经理

乔弗瑞（Geoffrcy），国际关怀组织（CARE International）总裁

丹尼斯（Dennis），国际关怀组织总裁

罗伯特·德弗罗（Robert Devereux），英国工作和养老金部常务秘书

安迪·邓肯（Andy Duncan），BBC营销部主管、卡米洛特（Camelot）公司总裁

伊恩·弗格森（Iain Ferguson），鸟眼墙公司（Birds Eye Walls）和泰莱（Tate & Lyle）公司总裁

伊恩·菲尔比（Ian Filby）英国联合博姿公司董事、DFS家

具连锁零售公司总裁

尼尔·菲茨杰拉德，联合利华和路透社(Reuters)董事会主席

马克·弗拉德里奇(Mark Fladrich)，阿斯利康(Astra Zeneca)全球品牌副总监

罗伯·福肖(Rob Forshaw)，大联合连锁餐厅(Grand U-nion)执行合伙人

西蒙·弗里德曼(Simon Freedman)，英国足球协会和Lu-cozade 公司营销部主管

亚当·弗里曼(Adam Freeman)，英国卫报新闻媒体有限公司(Guardian News & Media)商业执行董事

约翰·加菲尔德(John Garfield)，John Charcol 房贷经济公司行政总裁

大卫·嘉尔曼(David Garman)，英国联合烘焙公司(Allied Bakeries)和交通发展集团(TDG)行政总裁。

帕迪·高卢(Paddy Gaul)英国 Weightmans 律师事务所执行合伙人

保罗·戈尔比（Paul Golby），Eon 英国公司总裁

理查德·格林哈格（Richard Greenhalgh），国际关怀组织总裁和英国 First Milk 乳制品公司董事会主席

多米尼克·格罗斯尔（Dominic Grounsel），第一资本投资国际集团（Capitol One）和 More Than 公司市场总监

约翰·哈珀（John Harper），孩之宝欧洲分公司（Hasbro Europe）总裁

凯文·哈维洛克（Kevin Havelock），联合利华食物和饮料业务总裁

约翰·黑珀斯（John Heaps），安睿国际律师事务所（Eversheds）主席

戴维教授，英国诺丁汉大学（Nottingham University）教育学教授

霍普金斯·丹尼斯·霍顿（Hopkins Denis Horton），费雪玩具公司（Fisher—Price）总裁

内尔·胡夫顿（Neil Hufton），泰华施（Diversey Lever）公司总裁

彼得·汉弗莱斯(Peter Humphreys)，英国第一乳品公司(First Milk)总裁

莫妮卡·雅各布斯(Monica Jacobs)，育儿支持机构 Homestart 哈文特(Havant)分部主席

彼得·奈特(Peter Knight)，首席执行官圈(CEO Circle)主席

彼得·里斯(Peter Lees)，英国皇家医学院医学领导与管理学院(Medical Leadership and Management of the UK Medical Royal Colleges)院士

罗伯·卢卡斯(Rob Lucas)，特里联合咨询公司(Turley Associates)总裁

约翰·麦克亚当(John McAdam)，英国 Unichema 公司和 ICI 公司总裁

安德鲁·麦克唐纳(Andrew McDonald Chief)，政府技能委员会(Government Skills)会长

戴姆·麦维斯·麦克唐纳(Dame Mavis McDonald)，副首相办公室(Office of the Deputy Prime Minister)常务秘书

阿曼达·麦肯齐(Amanda Mackenzie)英杰华集团(Aviva)

首席营销官、市场营销协会会长

姆海里·麦克尤恩(Mhairi McEwan),布兰德学习咨询公司总经理

阿利斯泰尔·麦乔治(Alistair McGeorge),利特沃斯公司(Littlewoods)和马塔兰(Matalan)公司总裁

罗杰·马斯林(Roger Maslin),温布利球场(Wembley Stadium)总经理

加文·尼斯(Gavin Neath)凡登伯格食品公司(Van den Bergh Foods)董事会主席

马特·尼科尔斯(Matt Nicholls),大联盟(Grand Union)执行合伙人

尤娜·奥布莱恩(Una O'Brien),英国卫生部常务秘书

古斯·奥唐纳爵士(Sir Gusi Aotangna),内阁秘书兼首席文官

吉姆·奥沙利文(Jim O'Sullivan),爱丁堡机场总经理

克里斯·皮林(Chris Pilling)第一直销银行(First Direct)总裁和约克郡建筑协会(Yorkshire Building Society)会长

迈克尔·皮特爵士（Sir Michael Pitt），肯特县议会（Kent County Council）议长

希瑟·杜·奎奈（Heather du Quesnay），国立学校领导学院（National College for School Leadership）

阿兰·雷曼特（Alan Raymant），地平线核电公司（HorizonNuclear Power）首席运营官

阿兰·瑞德（Alan Reade），梅里亚制药公司执行董事长（Merial Pharmaceuticals）

戴姆·菲奥娜·雷诺兹（Fiona Reynolds），国家信托基金会总经理（The National Trust）

克里斯托弗·瑟尔斯比（Christopher Selsby），哈伍德国际集团（Harwood International）欧洲区总经理

米诺奇·沙菲克（Minouche Shafik），国际发展部（Department for International Development）秘书

凯文·史密斯爵士（Kevin Smith），吉凯恩集团（GKN）总裁

纳吉尔·斯泰因（Nigel Stein），吉凯恩集团（GKN）总裁

保罗·瑟斯顿(Paul Thurston)，汇丰银行(HSBC)零售银行及财富管理业务行政总裁

特恩布尔勋爵(Lord Turnbull)，英国内阁秘书兼首席文官

尼尔·沃德(Neil Ward)，英国法庭理事会(HM Courts Service)代理会长

基斯·韦德(Keith Weed)联合利华首席营销官

斯科特·韦威(Scott Wheway)英国联合博姿公司(Alliance Boots)零售总监

还要感谢这些组织的其他人，包括英国政府内阁大臣和国家政府学校(National School of Government)、内阁(The Cabinet Office)、皇家检察院(the Crown Prosecution Service)、亨利学院(Henley College)、剑桥大学(Cambridge University)、英国政府智囊团(UK Government Think Tank)领导力发展学院(Development of Leadership in Schools)。

也要特别感谢这些组织中对我的个人发展做出特别贡献的人，尤其是约翰·拜恩(John Byrne)、迪迪尔·达勒马卡恩(Didier Dallemagne)、希拉里·道格拉斯(Hilary Douglas)、斯蒂芬·勒翰(Stephen Lehane)、戴维·麦克劳德(David Macleod)、托尼・皮尔斯(Tony Pearce)、克里斯・波泰(Chris Pote)、托尼・史密斯(Tony Smith)、乔治娜・索恩(Giorgina Soane)、蒂姆・斯泰西(Tim Stacey)。

没有多年来同事的支持和帮助，我肯定无法完成本书。特别要感谢维克・克鲁(Vic Crew)、阿利森(Alison)、比尔・麦凯比(Bill McCabe)和麦克莱恩集团(McLane Group)的多米尼克(Dominic)、麦基(Maggie)和托尼・特恩布尔(Tony Turnbull)。谢谢海尔・多斯金(Hale Dwoskin)、迈克伊尔斯(Mike Eales)和查理・史密斯(Charlie Smith)的明智建议。感谢斯蒂夫・科尔(Steve Core)、维尔纳・霍尔兹曼(Werner Holzmann)、阿兰・汉弗莱斯(Alan Humphries)、露西・基德(Lucy Kidd)、安东尼・兰代尔(Anthony Landale)、伊恩・洛克(Ian Lock)、约翰・普林格尔(John Pringle)和安妮・汤恩德(Anni Townend)的倾情合作。

朋友们给予了我巨大的支持。向阿丽莎・阿比(Alyssa Abbey)、吉姆・博克索尔(Jim Boxall)、西蒙(Simon)&盖伊・加拉干(Gaye Callaghan)、休・科曾(Sue Cosens)、约翰(John)&吉尔・哈珀(Gill Harper)、珍妮特(Janet)&斯蒂夫・休斯(Steve Hughes)、阿特・卡普兰(Art Kaplan)、罗纳尔德(Ronald)&吉恩・雷德黑德(Jean Redhead)、托尼・瑞斯(Tony Reiss)、比姆(Bim)&凯蒂・韦瑞夏(Katie Verrechia)

和彼得·沃勒(Peter Waller)表达深深的谢意。

出版本书第一版时，我曾获得了很多帮助。感谢编辑安东尼·兰代尔和设计师斯蒂夫·霍布斯(Steve Hobbs)，也感谢吉姆·博克索尔、阿里斯特·斯科特(Alister Scott)和安妮·汤恩德(Anni Townend)。感谢培生集团的利兹·古斯特(Liz Gooster)和埃勒维兹·库克(Eloise Cook)，他们为本版的问世提供了诸多帮助。感谢戴斯·狄洛夫(Daisi Diluofu)和斯图尔特·克雷纳(Situerte Keleina)，他们为本书再版提供了明智的建议。感谢本书案例中出现的所有主人公。

特别感谢我的家人莎朗(Sharron)、尼克(Nic)、阿历克斯(Alex)和索菲亚(Sophie)，感谢他们一直以来的关爱和耐心的陪伴。

出版商确认申明

本书中有关结果金字塔的相关内容出自兰德马克教育(Landmark Education)拥有版权的材料，经许可使用。版权所有，侵权必究！

欢迎词

领导之术真没那么复杂

欢迎阅读本书

帮助他人成长为领袖是我的一大宏愿。为什么呢？因为我经常目睹卓越的领导力所产生的威力：它能改变人们的生活，使组织获得成功。

我写作本书的唯一目的是，帮助你以最快的速度成长为自信、能干的领导者，你只需心怀成长的意愿即可。

但我要提前讲明，我这里所说的"领导力"并非职务或职称赋予的权力，而是指一个人在对待重要的人、处理重要的事情时能够做到最好。我已在这一领域摸爬滚打了20余年，期间的经历让我得出了一个简单而明晰的结论：人人都能成为领袖，人人都能运用领导力对职业生涯、绩效、同事关系和生活质量产生巨大的影响。

你在组织中的位置绝对不重要。你可能正从事有生以来的第一份工作，没有任何下属，你也可能正执掌一支团队或一个部门，你还可能正领导着一个组织。你可能在学校、医院、慈善机构或跨国企业里工作，这些都无关紧要，因为任何职务的人都能带来鼓舞人心的领导。领导的基本要素在任何情况下都是相同的。

我们将在本书中一起探讨这些基础知识。我也会与你分享之前掌握的一些能帮助他人成长为领袖的最佳想法和做法，即使你还没有完全将自己视为领袖，通过阅读本书，你也会更了解自己目前和未来想达到的领导水平及实现方法。

本书中的观点源自我担任领导者以及和其他领导者合作时的经验。我在英国北部的维根市（Wigan）长大，从牛津大学求学毕业后入职宝洁公司，之后赴美担任一家跨国公司的首席执行官，最终又返回了英国。

随后我意识到，我想成为领导人卓越的合作伙伴。所以 20 年来，我一直为个人、各类团队和组织提供领导力的培训和咨询服务。

阅读其他领导力书籍让我受益匪浅，但最具启发性的学习途径却是待在领导者身边，目睹他们如何鼓舞和激励他人。从帮助他人成长为领导者的成功经验中，我总结出了未来—激励—践行这一模型。也就是说，你只需要从这三个方面锤炼你的领导力。

保持信息的简单性和实用性非常重要，我很清楚这一点，这正是本书要实现的目标。

"领导之术"真没那么复杂。我相信，领导是一种自然的人类活动，所有人都能参与。成为领袖不必以一定的智商或职称为前提。

但你仍需具备一些条件才能成为领袖。你必须"有所追求"，想做出一番成绩。也就是说，为了你的团队、组织、同事或者你自己，你要有一颗雄心、一个梦想或目标，这对你非常重要。

与我合作过的领导者多达数百人，他们有一个共同点：无论是面临私人或公共部门的挑战，无论是在危机关头还是平稳时期，不管是着眼于本地还是全球，他们都想创造一个不同的未来并为此不懈努力。他们对重要的事情"有所追求"，想做出一番成绩。

这一点非常重要。不要只关注能力和技能。首先也是最重要的是，你要弄清自己在乎什么，想对什么"做出一番成绩"，然后再促使理想的结果产生。

现在你可能不清楚自己想对什么"做出一番成绩"，没关系，我会帮你明确它。

或者你可能很清楚自己在乎什么、想要什么，但你不知道该如何做。这也没关系，我合作过的每个人都曾面临你这样的困惑。

抑或你甚至不允许自己考虑未来，因为你不相信自己能创造未来。此时我鼓励你积极尝试新方法，不断实验、践行和学习。我特别要敦促你扔掉思想包袱，真正地认清自我，了解你能给周围的人带来什么影响以及如何产生影响，还要了解某些时候你如何畏缩不前、限制了可能带来的影响。

　　采用上述方法的结果是，你有机会成为一位更自信、更高效的领袖。我在本书中会介绍应对不同局势的方法，它们能使你不断向理想的领导人靠近。然而，你不可能在一夜之间就成长为领袖，你需要时间学习和锻炼。在此过程中，我会一直相伴。千万不要以为读完一遍本书即可将其束之高阁，要多读几遍才会收获更大。如何最大限度地利用本书，我有如下建议：

　　首先，至少阅读下一章的内容，以便了解领导力的概况。

　　我认为，阻碍许多人成长为领袖的一大因素是缺乏对领导力的整体把握。许多人对领导力想法颇多，却不知如何整合它们。

　　第二，做好准备后开始阅读本书，明确你想成长为什么样的领袖，以及你当前的领导状态。在领导力的某些方面，你自然有强有弱，所有人均如此。阅读本书时体会这一点并明确你想如何成长。

　　第三，失意时多翻阅本书。本书可助你确认问题出在哪里，哪些方面的领导力缺失。我保证，你需要的答案都在本书里。

　　得意时也要翻阅本书。这样你能明确真正发挥作用的是哪些因素，处理其他问题时可以此为鉴。

　　本书只能为你的持续成长提供部分资料。登录 www. futu-reengagedeliver. com 网址，你可免费查阅定期更新的文章、博客和视频，从中了解有关未来—激励—践行方法的最新动态。

登录 www. futureengagedeliver. com/book 网址可查阅本书的一些关键页面，你还可以将它们打印出来随身携带，以方便查阅或与同事分享。你也可以从该网站看到那些曾启迪我的引言和文章，希望它们也能启迪你。

不要只顾自己，好东西要与人分享。你可能想帮助他人成长为领袖，那么，你就要让他们参与进来。可以将自己学到的知识分享给他们，帮助他们认清自己在乎什么、如何成长为领袖。可将上述网址告诉他们，把本书赠送给他们。

最后，请给我反馈意见。若有评论或故事分享，烦请将它们发送给我。若想获得更多的支持，也请联系我们。我们的团队可通过电话或面谈的方式给你提供帮助。

我已经将有关领导力的毕生所学凝练为一个简单而实用的框架：未来—激励—践行，它体现了最优秀的领导力思想，展示了更快地成长为领导人的三种练习方法。《天生领袖：激活潜在领导力的 FED 法则》正是对这一框架的生动阐述，你可以运用它快速地成长为大有作为的领袖。

目　录

第一章

未来-激励-践行

......要增强领导力你只需要把握好三个方面，即未来、激励和践行。

● 未来—激励—践行

    ——首先，领导总要面向未来

    ——其次，若想他人与你共创未来，你就要激励他们

    ——再次，要采取行动，促使理想的结果产生

● 你如何看待自己的组织？

● 你如何看待自己？

未来—激励—践行

通过本章你会发现，领导问题并不像通常以为的那般复杂。

你还会发现，你已经具备了成为一名高效领导人的条件。

年轻人，我是否姗姗来迟了？多年来，我阅尽了所有关于人事、领导力和组织的最新书籍。为什么？因为过去所受的教育使我认为，领导之术是复杂甚而神秘的，要真正掌握它就必须博览群书。

但这一想法大错特错了。当我结合董事会、项目团队或仓库管理员来反思领导力时，我意识到发挥作用的总是这三个要素：

未来—激励—践行

这一模式在世界各地领导者的实践中得到了验证。对于那些想加速自己和他人成长的领导者而言，它犹如催化剂。此模式真的非常简单，我敢保证，你接触到的任何领导理念都可被置于这一框架内。

事实上，无论你是想组织一次盛大的生日聚会、打造一支高绩效的团队还是想建设一个繁荣昌盛的社会，你都需要践行这三个方面的领导工作。

当然，在这三个方面都极为出色并不容易，但我保证，为提高自己的领导力，你需要铭记这些思想。下面请听我一一道来。

> "只是到后来我才发现，有时候为了理解某些事物，必须先把它们简化。只有先建立了基本的框架，才能补充限制性条件和提高复杂度。"
>
> ——查尔斯·汉迪

首先，领导总要面向未来

想成为领导人，你总要先考虑这些问题：你希望未来看到什么样的结果？你希望事态如何发展？你希望实现哪些目标或你希望构筑什么梦想？

我们可以用许多词汇描述这些问题，比如"目的""目标""雄心""愿望""梦想"等，从商业世界的角度来看，还有"愿景""使命""方向"和"战略意图"等，它们都可以描述你未来想要的东西。

我会在下文更详细地阐述有关未来的观点，但此刻我要明确指出这一点：

强大而高效的领导者总是以他们想要的未来为导向。不仅如此，未来与所重视的事物联系最紧密时，领导者最强大。

为什么这一点很重要？因为领导者对渴求的未来越投入，他们就越能坚持，付出的精力就越多，就越能"做出一番成绩"。

另外，当领导者时刻心系未来时，他们会对其他人产生非同一般的影响，比如激发他人的创新灵感、给他们更加努力工作的理由、给身处逆境的他们以希望，最重要的是，让他们明确工作的意义。从本质上说，与理想的未来建立紧密的联系能够使人们产生乐观的心态，点燃希望之火，激发创新可能，建立信心。

其次，若想他人与你共创未来，你就要激励他们。

也就是说，你要和愿与你共建未来的人互相配合。激励是领导者建立联盟、互相参与、确定归属、保持团结和建设团队的核心能力。至关重要的是，它与"沟通""展示""告知"截然不同。

令我震惊的是，**竟有如此多的领导者相信，要获得他人的最大支持，只需要"传达"自己的想法或意愿就够了，但事实并非如此。**

激励他人是发生于人际关系内的双向活动。要取得良好的工作效果，你需要激励他人进入你的世界、你想要创造的未来。这就需要你具备一些品质，如诚信、开放、坚持不懈等。激励效果显现时，人们不仅信心十足，还会在追求既定目标的过程中，乐于排除各种障碍。当人们得到充分的激励时，群体或组织可能产生的结果会发生巨大的改变。

再次，要采取行动，促使理想的结果产生。

可以用"履行、执行、实施和结果"等词汇来描述这一方面。领导不会止步于"愿景"或"团队"。领导的最终目的是，自己和他人都能充分施展才华，取得最佳的结果。

因此，当你想"做出一番成绩"时，你通常会：

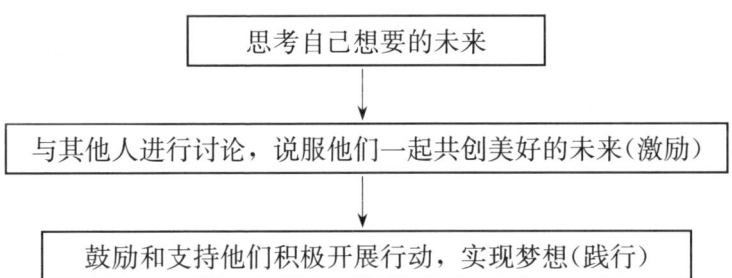

如果你是真正的领导者而非操作者，经你激励的其他人会为你完成大部分工作。

无论你的追求或目标是什么，你都会涉及**未来—激励—践行**这三个方面。阅读本书时你会发现，我不太介意领导能力或素质，相反，我更想让你关注的是你必须完成、必须实践的事情。要想成长为真正高效的领袖，你必须：

● 以想要的未来为导向

● 激励他人

● 践行

我们即刻进行练习，运用这一框架分析你所在的组织和你本人。

你如何看待自己的组织？

利用未来—激励—践行这一框架审视你的组织，思考下列问题：

未来

●组织中的未来意识有多强？有无振奋人心的抱负和雄心？还是组织更重视对过去的分析？

●人们能否感受到未来的可能性？是否乐意思考能够实现的而非无法实现的目标？

●组织内是否弥漫着乐观精神和希望？它们能否使人们足够自信地面对阻碍？

激励

●人们是否得到了激励？他们是否愿意为实现组织的目标贡献力量？

●他们有被珍视的感觉吗？有无参与感？

●人们愿意激励同事，还是组织内更多地体现出"沟通和告知"文化？

践行

●组织践行目标的能力是否强大？

●有关践行的对话是否充分，还是人们只是马马虎虎地按要求行事？

●人们能否得到组织的帮助以提高组织整体的践行能力？

可以针对部门、团队和关键的人物提出相同的问题。你认为组织中的领导力有多强？它们来自哪里？

你如何看待自己？

现在轮到你了。我真心希望你能深刻思考这些问题。上述领导的每一方面都需要我所称的"领导能力"作支撑，好消息是你已经具备了这些领导力量。

下面是我们对"领导能力"的解释：

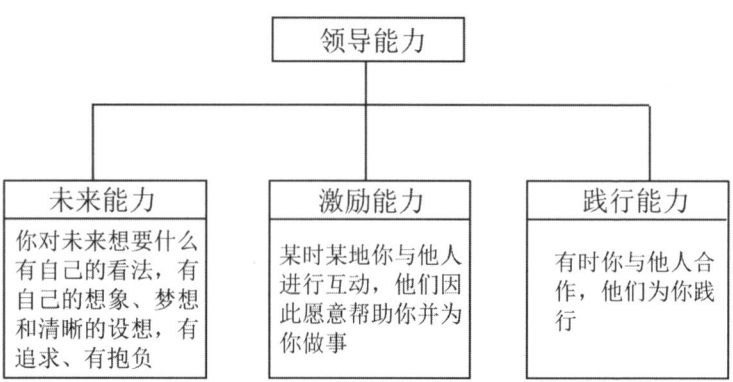

你三个方面的力量不一定都强大，没关系，截至目前我共事过的领导者中，还没有一个是这三个方面都强大的。对领导能力的自我感觉越良好，通过练习获得的能力增强之乐就越弱。随着本书探讨的深入，特别是对成长最快速的领导者的经验介绍，你能学会如何处理这一问题。

"对学习的掌控越强，学习效果就越佳。掌控学习是掌控人生的一部分。"

——本尼斯和哥德史密斯

小　结

未来—激励—践行，领导就这么简单。不论是领导组织、团队还是只领导自己，你都不要以为"领导之术"有多复杂。

你已经具备了最基本的领导力量，可以通过练习进一步增强它们。

FED 实践

露丝·麦迪森的故事

露丝·麦迪森是英国诺丁汉郡一所学校的校长，近来她无意中发现了 FED 法并将其运用到了实践中。她写道：

"我丈夫向我推荐了这本书。一拿到这本书我就意识到，未来—激励—践行这一领导力模型是多么的简单实用，将其传达给别人是多么容易。

续

首先，阅读本书后我意识到，我作为领导者还存在众多可完善的领域。由于平日里工作异常忙碌，我并未发挥真正的领导作用。过去委派任务很困难，我早就应当提高践行力量，通过其他人完成目标了。通过本书的学习，我意识到了自己的诸多不足和可改进之处，这是本书带给我的另一大好处。

但最重要的是，本书内容简单易懂，我可以很快向其他人介绍其中的领导力思想。在我任职的学校里，一些年轻人担任着领导职务，他们渴望提高领导技能，此刻正需要本书的指导。还有一些刚入职的工作人员，正如书中所说，他们也是领导者，也需要不断成长。我们所有人都已开始思考'做到最好'的意义了。

学生们的自我意识和领导技能也不断得到增强，所有这一切都给我带来了令人兴奋的挑战，我渴望全心全意地迎接它。"

Leadership–Plain and
Simple

第二章

如何加速你的成长

……一些人的成长速度比其他人快，你也可以为成长加速。

如何加速你的成长

　　●1 在实践中有意识地练习

　　●2 组建支持团队

　　●3 了解并突破自身的局限

　　——局限 1：不相信自己是领导者

　　——局限 2：不在领导模式

如何加速你的成长

我与许多领导人共事过，其中一些领导人增强信心和提高能力的速度非常快。如果你也想快速地成长为领导人，那么你也可采用本章介绍的方法。截至目前，我已经找到了三种能够加速成长的方法。

它们是：

1. 在实践中**有意识地练习**

2. 组建**支持团队**

3. 了解并**突破自身局限**

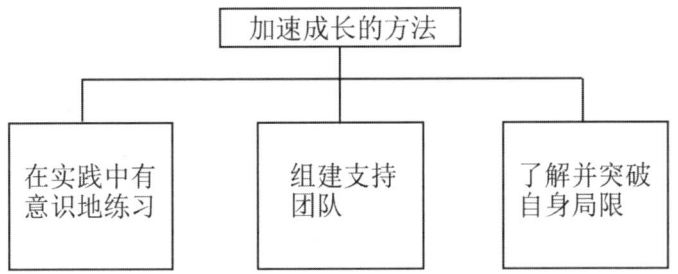

1. 在实践中有意识地练习

领导力的相关研究表明，人们在实践中能最大限度地学习和成长，课程或阅读书籍的作用有限，而且，应对挑战使人成长得最快。

这是好消息，因为它意味着你每天都有机会练习、学习和增强领导力量。你不必等着上领导力课程，在日常工作中就能培养领导力。

在这一方面，领导力的提升与生活中其他方面的改进没什么不同，比如弹奏乐器或运动。正所谓熟能生巧，练习越多，提升就越明显。最能促进学习和成长的练习就是有意识地练习。也就是说，你可以有意识地将不同的形势和挑战视为学习和成长的良机。

在最好的情况下，这意味着，你在参加会议、进行对话或面临挑战时，都能意识到自己如何做才能成为真正的领导者，那就是洞悉周围发生的一切，然后从中吸取经验教训。为了学到更多，你还可以请其他人给予反馈。

稍停片刻并提问自己下列问题：

●你每天都有机会践行领导行为，你是否清楚这一点？

●你是否总能抓住这些机会？

●你能利用哪些机会有意识地进行提升领导力的练习？

成长最快速的领导人总在找寻这样的机会。我在本书中将陆续介绍一些理念，它们能帮助你从练习中学到更多。这些理念也能助你明确自己想提高哪方面的领导力以及采用何种方法。

通过有意识地练习，你会建立领导自信心，渴望迎接更大的挑战，从而进一步提升领导力。

"通过教条实现不了的可通过用心感触和持续的练习实现。没有练习，高效的领导就不可能实现。"

——哈里森·欧文

2. 组建支持团队

虽然领导行为最终由你做出，但实现快速的成长不能只靠你自己。

若想快速成长，你就必须组建自己的支持团队。

原因是多方面的。首先，针对 8 个不同组织的领导力发展项目的研究表明，同事的定期反馈对领导力的发展具有重要的影响。哥德史密斯和摩根 2004 年的研究发现：

"与同事讨论自己的改进重点，然后定期从他们身上获得有关改进效果的反馈意见的领导者，其进步非常显著。"

"不与同事进行持续对话的领导者，其进步程度一般。"

差距就是这么明显。所以，要改变自己的想法，将"这些人只是我的同事"变成"这些人能帮助我成长为更高效的领导者"。

如果你确实想加速实现成长，那么你就应这么做：

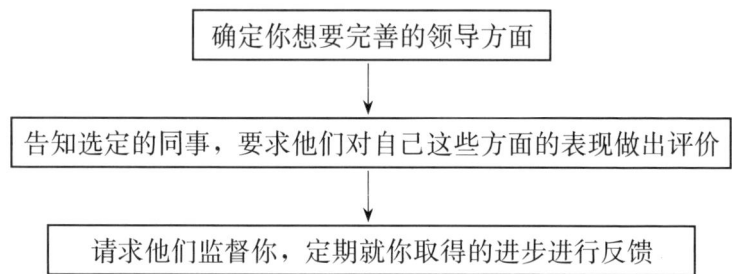

无论你能否得到全面的反馈，都请你这么做。

能取得"显著的改进"还是"一般的改进"，关键要看你能否得到支持团队的帮助。

组建支持团队的第二大原因是，他们也能在其他诸多方面为你提供帮助。我们都是人，都会遇到挫折和困惑，都有打退堂鼓或逃避的时候。这时，我们就可以和支持团队进行讨论，找出问题所在，重拾信心，昂扬斗志。

现在通过下列问题审视自己：

● 状态不佳时，你是否有可倾诉的人帮你调整？
● 你希望谁加入你的支持团队？
● 你会对支持团队的人提出什么要求？

拥有了这些能帮助你的人之后，你还要考虑得更广泛些。比如，还有谁可以成为支持团队的成员？还有谁能助你增强自信心和更长久地处于最佳状态？你可能发现，寻求帮助并不容易，但它对你快速地成长为领导者至关重要。

> "领导力只会在人际关系的波动和发展中得到增强。其他人能帮助我们看到疏漏之处，肯定我们取得的进步，测试我们的看法，并让我们知道自己做得如何。他们提供了实验和实践的背景。没有他们的参与，持久的变化就不会发生。"
>
> ——丹尼尔·戈尔曼

FED 实践

奥尔拉·惠利（ORLA WHALLEY）的故事

奥尔拉·惠利是一位财务经理，同时也是两个孩子的母亲。前不久，她来信讲述了自己和支持团队的故事。

"我们都知道什么时候应向支持团队求助，对吧？需要指导时，需要知道他们对自己表现的看法时，或者仅仅是审视自己并告诉他们自己做得怎样时。

但是，遇到不顺心的事情时该怎么办呢？有一段时间，我常感觉心里不舒服，体力不支，最后对自己失望透顶，做出了现在来看完全不合时宜的行为——我逃离了支持团队的视线。当时的我认为，在倡导'卓越'的文化氛围中，坦诚自己糟糕的感受是错误的做法，会被视为个人的弱点。

直到支持团队中的一员给我打电话时，我才意识到自己过去一直以己度人，联系他人时只报喜不报忧。在那次通话中，我说出了自己的真实感受，也更明白了自己的错误所在。那通电话也使我认识到，最需要支持的时候恰恰最难利用支持。

之后，我联系了每个关心我身心健康的人并向他们诉说了自己的遭遇，无一例外，他们都对我表达了同情和支持，并提出了改进建议。我发现，他们了解了我的真实处境后并没有看低我。这令我倍感欣慰。"

奥尔拉最后提出了几个非常值得深思的问题：你每隔多久会以勇敢的面孔示人而不袒露内心的真实感受，也不求助于支持团队？当其他人在苦苦挣扎时，你是否乐意伸出援助之手？

3. 了解并突破自身局限

简单来说，成长为领导人的途径有两条。一条是通过有意识地练习和支持团队增强领导能力，另一条是注意并减少自身的局限。

特别地，我发现，制约人们成长为领导人的局限主要表现在两个方面，而且我敢说，至少会有一个方面适用于你！下面看看这些局限对你的影响有多大。

局限 1：不相信自己是领导者

一天，我受邀主持了一次有关领导力的讨论。在座的 20 位经理都来自知名的组织，他们心情愉快，但他们的讨论显得死气沉沉、波澜不惊，没有思想的碰撞，没有激烈的争辩。经过调查后我们发现，尽管这些人正在参加领导力培训，但他们中的大多数人都没有把自己当领导者看。

这多么浪费人类的潜能啊！而且这还不是个案。我曾遇到过成千上万个这样的人，他们受思维所限，不相信自己能成长为领导者，因而原地踏步，裹足不前。为什么会这样呢？

我的答案是，人们接受了太多既过时又严重削弱意志的领导力"成见"。

最糟糕时，他们会一直持这样的成见：

● 领导与我不同，他们魅力非凡，可能是盖世英雄，甚至是探险家。

● 他们在组织中的资历老，职务高。名校学历令他们如虎添翼，身居要职。

● 这些领导者少有困惑或不安全感，他们极其自信，具备某些特殊才能。

● 而且，领导者熟谙领导之术。要成为领导者必须了解复杂的理论和模型，同时还要非常聪明。

● 还有，要成为领导者，还必须找到"正确"的领导成长途径和秘诀——要读多少年书才相信秘诀在下一本书里？

● 最后，领导是孤独的旅程，必须一个人独自前行。

当然，上述这些都是垃圾观点。但现在你要审视自己，确定你的自我评价是否限制了你的领导潜能。

● 你如何看待"领导者"和"领导力"？

● 你认为哪些观点是理所当然正确的，无需经过认真思考？

● 你认为谁能成为领导者，谁不能？

● 你认为成为领导者要付出何种代价？

●你认为领导者具有哪些特点？

●你在多大程度上认为自己是领导者？

总体来看，你需要注意的是，你的领导力观念在多大程度上鼓励你将自己视为领导者并成长为领导者。可能这种一般性的局限对你的不利影响不太大，那就太好了。

但假如你与许多人一样，心怀限制性的领导力信念，那么你就要注意并突破它们。

此时应关注的问题是，你想成为什么样的领导者，表现最佳时你是什么样子的，你又是如何达到最佳状态的。

领导是所有人与生俱来的自然活动，它与职务、头衔或地位无关。你已经具备了基本的领导能力，只需在实践中增强它们。

"此类错误的观念顽固而持久：凡夫俗子被'神'选定并被赋予独特的才能后便可领导他人。他们光芒四射、无可撼动，其他凡人只能选择追随。这样的观念固然流行，却明显是错误的。任何认真研究过领导力的人都会发现，领导力不是先天注定的。"

——沃伦·本尼斯

局限 2：不在领导模式

我不想花时间争论领导是天生的还是后天造就的，因为这样的争论无休无止。能帮助人们成长为领导人的更有用的方法是，相信我们有时能处于**领导者模式**，即处于最佳状态并有所作为，有时不能。

我们以简为例来阐述这一观点。与简共事时，她正担任一家大公司的部门总经理。不久之后她升任享有盛誉的全球性领导职务。

简的领导能力大家有目共睹。但是，一天下午我遇到她时，她显然不在领导模式。她看起来无精打采，对团队和业务失去了雄心，热衷于对以往的结果进行繁琐的分析。

可悲的是，我遇到过成千上万与简类似的人，他们担任领导职务却不把自己视为领导者，而是退回到了**操作者/管理者模式**中，此时，他们的工作重点变成了管理和执行，而不是领导了。

我现在相信，这正是许多组织绩效不佳的一大主因。

为什么会这样呢？我们每个人或多或少都会出现下列情形：

刚参加工作时，我们能成为高效的操作者就算很成功了。我们按部就班、兢兢业业地工作，然后我们得到提拔，开始身处强大的管理者模式，开始监督其他操作者。

不久之后，我们每个人都适应了各自的操作者/管理者模式，置身其中我们感到游刃有余、舒适惬意，而且我们认为这样的模式正是我们迄今为止获得成功的一大原因。

另外，尽管组织需要简这样的人进行领导，但组织也可能给他们带来了无尽的压力，让他们回顾过去、掌控现在，却不重视未来。

这还不是全部。许多像简一样的人根本不懂领导者模式与操作者/管理者模式之间的根本性差异，在不知不觉中将几乎所有的时间都消耗在后者上了。

结果，如简这般能干的人都在操作者/管理者模式中停留了太长时间。当然，所有人都需要置身于三种模式中。

然而，我发现，许多人在需要进入领导者模式时却陷入了操作者/管理者模式。

现在请稍停片刻，通过下列问题反思自己的表现：

● 你是否注意到自己对三种模式的时间分配？

●你是否清楚自己置身于操作者/管理者模式和领导者模式时的表现?

●在你不愿意时,什么因素导致你退回到了操作者/管理者模式?

●你是否注意到组织如何鼓励你置身于各种模式?

毫无疑问,我们所有人都可能因这样的局限阻碍了自己的成长,但令人高兴的是,了解和突破此类局限的方法非常简单。

那就是有意识地练习。你在何时何地想进入领导者模式却陷入了操作者/管理者模式?对此你要提高警惕并做出正确的选择。

具体的做法如下:

●记住你置身于领导者模式且表现最佳的时刻。你当时感觉如何?精力如何?你做了什么?(如果回忆有困难,可向你的支持团队求助)

●列出你处于操作者/管理者模式的时间和地点,比如:哪些会议、哪次互动、涉及哪些项目、在场的还有谁?等等。

●你想在上述哪些场合中处于领导者模式?

●你如何描述自己在这些场合的表现?在脑海里勾勒出一副自我感觉良好且能鼓励你成为理想领导者的画面。此时回忆你身处领导者模式时的表现。

●在上述情形发生之前,思考自己想成为什么样的人。

●最后，当这些情形发生时，依靠做出的选择行事。

要想即刻成长为领导者，你可以采用上述方法。增强领导能力可能需要时间，但一些练习可能产生立竿见影的效果。要在脑海里对期待的领导者有一副清晰的图像，然后在多数情形下、大部分时间里依靠脑海里的形象行事。

> "领导通常仅被视为高级管理。其假设前提是，无论管理者做什么，领导者都比他们做得更多、更好。但领导不是高级管理，它与管理截然不同。将二者相提并论忽略了它们本质上的不同。"
>
> ——哈里森·欧文

小　结

你可以大幅提高自己成长为领导者的速度。你每天都可以增强自己的领导能力，而且，在支持团队的帮助下，你的成长速度会更快。你还要清楚一点：你已经置身于高效领导者模式了。大胆练习吧！

FED 实践

市场营销协会的故事

吉玛·格里夫斯是市场营销协会的营销总监。我们协助该协会举办了一次领导力培训，吉玛参与了这一项目。此前，她曾多次声称，自己"太忙了，没时间思考，每天的时间都不够用"。

这次培训令吉玛茅塞顿开，因为她发现自己深陷于操作者/管理者模式而非最佳的领导者模式。她忙于掌控现在，疏于设想协会理想的成长途径和辉煌的未来。参加完培训后一切都改变了。她写道：

"我曾听过许多有关领导力思维的课程，内容都很棒，但课后我无暇思考。是 FED 的简单吸引了我。该模型让我意识到，我没有以未来为导向，没有真正地设想过协会未来的样子，因为我不在领导者模式。

参加完培训后，我做的第一件事情就是与协会领导休·伯基特共同商定未来的愿景。我们确立了新的定位：'激发勇猛的营销领导力'，建立了新的项目结构，这些都已经贯彻于我们日常的思维和行为中。我们看到，我们能利用愿景信息在全球扩张网络。我们已在印度设立了分支机构，还会在更多的国家跟进。现在确实是市场协会大展宏图的好时候。

就我个人而言，了解自身信念的缺陷和对未来的设想对我的生活和工作都产生了不可思议的影响。还有，我的团队告诉我，我的领导工作较之前更加出色了，因为我们共有清晰的愿景，而且我给了他们更大的成长和发展空间。谢谢你，FED！"

第三章

未来－激励－践行

……首先，领导就是触及你重视的事物，然后大胆尝试，努力争取。

●未来

　　问题1：你在乎什么？

　　问题2：你想领导什么？

●为增强未来能力而练习

　　——以想要的未来为指引

　　——认清大势，掌控全局

●为什么不是所有人都具备出色的领导能力？

●未来：我们是如何限制自我的？

　　问题3：你想成为什么样的领导者？

未　来

　　我们确保在本章为你的领导力奠定基础。我将鼓励你回答三个有关自身领导力的基本问题，还会重点介绍一些具体的方法，你可以运用它们增强你未来的领导能力。

　　此外，我还会帮助你弄清楚，你如何限制了自己未来方面的领导能力以及如何突破这些限制。

　　领导总要面向未来，总是始于对未来的设想。

　　正如我之前所说的，我们都具备基本的领导能力，因而可以设想、憧憬或想象未来。例如，你可能发现，你很容易就能想象出下一个假日的场景，或者设想某些工作进展顺利。但是，当你处于最佳的领导者模式时，发挥作用的就是另一个强大的因素了。为了引起你对这一因素的充分关注，我要讲一位领导者的故事。故事的主人公名叫斯蒂芬，是我合作过的最高效的领导者之一。

　　有意思的是，斯蒂芬并不领导团队。他的下属从没超过两个，从没负责过公司的主要业务，也不是公司行政管理团队中的一员。而且，乍一看，你不会认为他能鼓舞人心，他也讲不出多少洞察人心的事例。

然而，在斯蒂芬身上，我发现了很多我曾共事过的领导者都具备的一个基本的领导力要素，它比头衔、职务、个性或经验更重要。这一要素就是面向未来。

当你处于领导者模式时，如斯蒂芬一样，你就是在"力求做出一番成绩"。换句话说，你是在接触对你而言重要的事物，而且你正为其拼搏努力。

这正是领导力的未来方面如此独特的原因。

面向未来的领导者以未来指引自己的日常思维和行为。

从我认识斯蒂芬开始，他就一直想"做出一番成绩"。他希望自己的公司能取得成功。他虽然不是总经理理查德的直接下属，但总会将自己看到的公司运行状况定期反馈给他。不能与理查德面谈时，他会以信件的方式进行反馈。

毫不奇怪，理查德逐渐开始重视这些反馈。他邀请斯蒂芬帮忙组织团队会议并就自己的发言给出反馈意见。理查德说，在接下来的几年时间里，斯蒂芬对公司的目标、文化和绩效均产生了重要的影响——这正是斯蒂芬想"做出一番成绩"、积极争取成功的结果。

我知道，你有时也会像斯蒂芬一样。当处于最佳的领导者模式时，你不只对理想的未来有自己的想法，而且这些想法与你重视的事物存在直接的关联。它们为你带来了动力和雄心，也激励你采取行动。

当然，成为一位"力求做出一番成绩"的领导者并不能保证你可以轻而易举地取得进步。你会遇到阻力和冷漠，遭受挫折和失望，有时你甚至想放弃。那为什么你能坚持下来呢？因为你争取的目标对你很重要，你很在乎它。

如果你只能从本书汲取一个观点，那么我建议你选择这一个：领导力与你的能力、技巧和个性无关，最重要的是明确你在乎什么，然后为之不懈努力。

其他人也曾强调过这一点。如下面的例子：

"在企业工作的人面临诸多压力，纵使他们对收到的指令半信半疑，也会点头称是。不合时宜的反对会对企业的前景和发展造成致命的影响。赞成或反对的声音会让我们重新思考生活的意义。它们迫使我们问自己：谁在发声？今天谁来工作？他为什么工作？我真正在乎什么？"

——大卫·怀特（David Whyte）作家、诗人

"只有了解了总想释放出来的蕴藏于内心的澎湃精神，我

们才能创造理想的人生和组织。"

　　　　　　　——柏卡纳研究所(Berkana Institute)所长玛格丽特

　　"讲述方法技巧和伟人经历的书籍都遗漏了卓越人士具备的最关键的品质：目标坚定并竭力向其迈进。"

　　　　——理查德·帕斯卡尔(Richard Pascale) 牛津大学副研究员

　　我特别强调这一点是因为，我不相信别人会把它告诉你。我之所以这么说，是因为每个月都有人想从我这里获得有用的领导力工具和技巧，但当我很快发现他们并没有触及自己最重视的事物时，他们却没有意识到自己应首先明确这一点，因而也感受不到"力求做出一番成绩"带来的兴奋。

　　就你而言，我认为你需要回答几个重要的领导力问题。如果你能够快速地回答它们，那么你会在大多数时间里成为更高效的领导者。我向所有共事过的领导者都提出过这几个问题。

问题 1：你在乎什么？

　　可以用其他形式表述这一问题，比如：你认为什么最要紧？什么对你最重要？你最珍视什么？你对什么最有激情？

　　这是你领导之旅的起点。在你不关心的领域，你不会成为卓越的领导者，但在你重视的领域，结果则截然相反。

当然，这一问题没有唯一正确的答案，你需要思索人生的许多方面才能回答它。下面的提示有助于你的思考：

地球
家庭、工作、朋友、价值观
目标、关系、目的
生活质量、安全性
财富、抱负
健康……

尽快抽出一点时间，在安静的环境中快速列出你重视的事物（以脑海中闪现的第一个念头为准）：

_____

_____

_____

_____

_____

在你写出答案时，我提请你注意这几个问题：你感觉如何？你的精力呢？如果你内心感觉不充实、不舒服，那么你就没有得到内心想要的答案。

　　你要明白，这不是在做智力练习题，而是在与"总想释放出来的蕴藏于内心的澎湃精神"建立联系，是在激发你的热情、自豪感和你想释放出来的能量。

　　大声地将答案告知某些人会令你更快地激发这股能量。可邀请你支持团队的一员向你提出以下问题：

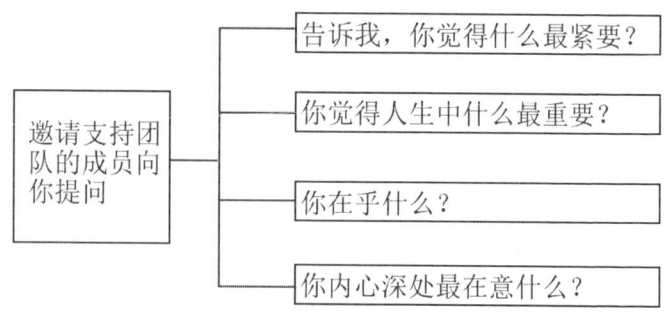

　　如果你仍拿不定主意，请往前翻几页，看看限制自我的相关内容，这可能会使你突破约束。如果你仍犹豫不决，那么请与我们联系，我们将提供力所能及的帮助。

　　如果你能回答上述问题，且自我感觉良好、深受答案鼓舞，那么，为了进一步提升你的领导力，请接着回答下一个问题。

"笑口常开，爱心永在，赢得智者的尊重，孩子们的爱戴；博得真诚的认可，容忍损友的背叛；欣赏美好之物，发现别人可爱之处。学会无私奉献，给世界增光添彩。要么培育出健康的孩子，要么留下花园一块，亦或是改善社会条件；尽情娱乐、笑得畅快，唱得欢快；甚至知道，因你的一路走来，一个生命活得自在，这就是成功的内涵。"

——拉尔夫·沃尔多·爱默生

问题 2：你为什么领导？

回答这一问题就是将"你在乎的"与真实、有形、具体的事物联系起来。也就是说，你希望未来发生什么呢？

可以用不同的形式表述这一问题。例如：你想做出何种行为？你想得到何种结果？你重视哪些具体的目标？

我将这些问题归纳为"你想领导什么？"我鼓励你从组织、同事、客户和你可能作出改变的各个方面思考这一问题。

再次提请你注意回答这一问题时的感受。如果你的感觉是

"我本应当为此而领导"，那么你就要当心了，因为你不能将就别人的日程安排或只是完成分内的工作，而要与你重视的事物建立联系，而且这是你自己选择的结果。

_____

_____

_____

_____

_____

回答这些问题后，请展现出你的未来能力。现在你已经明确了自己在乎什么以及为什么领导，想想接下来该做什么。以下的问题能带给你某些提示。

●为推动你在乎的事物的发展，你接下来会做什么？

●就你想看到的进展，你会与谁开启什么样的新对话？

●生活中发生了什么事情令你忍无可忍并下决心做出改变？

●什么情形下你会由操作者/管理者模式转换至领导者模式，会出现什么新机遇？

我希望你在思考这些问题时不拘一格，考虑到你作为领导者面临的各种可能性。但现在我还想强调一点重要的洞见，希望你能据此审视自己。

有时候，当你成为心目中期待的领导者时，你也完成了重要的事项，实现了既定的目标。

也就是说，担当领导者已成为你人生的一部分，你已经具备了高效的领导者模式。问题不是"资历够老、职位够高时我能否做领导者"，而是你如何更快地成长为领导者，从而放开手脚做对你而言更重要的事。

要做到这一点，你需要通过有意识地练习增强自己的领导能力。下面会介绍具体的做法。

"回首以往我发现，我努力阐述的大多数内容都围绕着少数几个基本问题。在我成人后的大部分时光里，这些问题常常萦绕于我的脑海。要如真正的领导者那样进行沟通，你必须审视自己的人生经历，总结出对你而言最重要的主题。"

——德雷克·沃尔科特

FED 实践

大卫·麦迪森的故事

大卫·麦迪森是一所小学的校长。与所有的校长一样，他面临的挑战是，如何使自己和员工成长为领导者。然而，令我们倍受鼓舞的是，大卫还运用 FED 法培养小学生的领导力！他写道：

"你知道，FED 对我们老师的帮助极大，我们彼此之间可进行奇妙的对话。FED 也帮助我们开诚布公地与孩子们讨论领导力问题，早日培养他们对领导力的理解能力。

我们训练学生的激励能力，让他们享受学习过程。我们希望这些训练能对他们产生积极的影响，也希望他们能铭记终生。训练过程中，我们不跟学生讲'学习目标'，而是与他们讨论我们想做什么并询问他们'最想做什么?'。

知道了学生的答案后，我们与他们多次畅谈未来，并讨论了为了他们做自己最想做的事情我们可提供的帮助。这都是在启发和激励学生，让他们放手去做自己最想做的事情。

对孩子们来说，'最想做什么''放手去做'都是很酷的语言，意味着他们获得了自己做出选择的机会。我们也尝试着给孩子们发放了'进步手册'(老师不评分)。孩子们自己保存这一手册，可在上面记录自己的想法、个人意见、笔记等。我们做的这一切都强调了领导以未来为导向、生活以目标为动力的理念及其重要性，让孩子们明确了前进的正确方向。

连孩子们都力求做出一番成绩，你呢? 你想做什么呢? 你想为之放手一搏的目标是什么? 倘若你还没有记录领导力日志，那么，先来一本进步手册如何?"

为增强未来能力而练习

当你明确了自己在乎什么、为什么领导时，你就奠定了核心的领导力基础。但是，这些基础如何影响你日常的领导工作呢？简短的回答是，要有意识地从下面两个方面进行练习，我认识的高效领导者都精于此道。

1. 以想要的未来为指引

我曾接受一家公司委托，对新入职的员工进行调查。调查结果出炉后，我与该公司的人力资源总监尼克通了电话。当时的通话情形令我终身难忘。他说看到某项因素的分值由30％提高到37％后非常高兴。我说："还不错，但你理想的分值是多少?"他回答说："哦，是80％。"说完他马上重新审视了调查结果。

尼克以过去看待现在，我们都可能犯这样的错误。他把公司目前的现状与过去的做对比，这是操作者/管理者的典型做法。但在领导者模式中，我们从不同视角审视现在，此时，我们是在比较现在与未来。

正如有人曾说过的，"愿景是什么不重要，重要的是愿景发挥了什么作用。"也就是说，重要的是愿景发挥作用，引导你的注意力和思维。关于理想未来的想法会给你提供一个强大的视角，通过它你可以认清目前的现实。它能影响你看到的和关注的事物，助你聚焦于重要的事项，帮你看清哪些方面运行正常，哪些方面出现了纰漏需要补救。

为了确保你以想要的未来而非现在或过去为指引，请思考下列问题：

● 目前的状况与你想要的状况相比如何？

● 现实状况与理想状况之间的差距有多大？

● 从未来的视角观察，现在还缺失什么？

● 为了能最快地迈向想要的未来，还必须在哪些方面努力？

● 为了得到想要的未来，现在必须注意什么？

承认截至目前所取得的进步无可厚非，比如分值从 30％ 提高到了 37％，但考虑上述问题能确保你不丧失梦想和抱负，不会忘记你一直追求的 80％ 的目标分值。

> "制定战略目标的意图是以未来审视现在。重要的问题不是'明年与今年的差距有多大'而是'为了实现战略目标，我们今年必须做出什么改变'"。
>
> ——哈默尔和普拉哈拉德

2. 认清大势，掌控全局

我曾在世界各地协助许多组织举办过多场团队会议，期间我常被问及的一个问题是："我不知道房间里谁是团队的领导时该怎么办？"我几年前就知晓这一问题的答案了。按旧式领导力思维，领导者必定是团队中最聪明的那一个，但事实并非如此，我发现，领导者通常是那些最善于把握方向、掌控大局的人。

掌控全局的高手考虑的不是能否步步高升，而是依靠的基石是否正确。

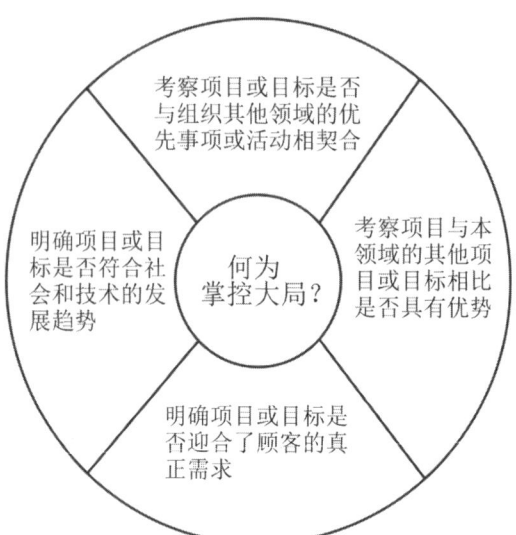

有时候，掌控大局还包括考察项目或目标是否与组织内其他领域的优先事项或活动相契合，或者与本领域的其他项目或目标相比是否具有优势，或者是否迎合了顾客的真正需求或符合社会和技术的发展趋势。

因此，增强未来领导能力的第二个练习是，持续地审视大局和大背景，这样才能清楚"什么时间"需要"做什么"及"为什么这么做"。

操作者/管理者的学习行为培养的是关注整体的一部分、一项任务或一个短期目标的能力，突破这一局限堪称完成了相当大的转变。在领导者模式下，我们需要既看到整体也看到局部。而且，如果你已经顺利答出了本章之前所提出的问题，那么你就已经展现了未来的力量。

注意我在提这些问题时，无意询问你想完成什么短期任务、项目或挑战，而是希望你能退一步思考对你而言至关重要的全局，明确你施展领导力的大背景。

同样，为了你每天都能增强这方面的领导能力，你可以考虑通过如下问题加强练习，它们能使你放眼全局。

● 时刻提醒自己，为什么要这么做？
● 我正在做的与我在乎的以及我领导的目标有什么联系？
● 我正从事的工作的大背景是什么样的？

这些问题在困难时期显得特别有意义。要从挫折、烦恼和失望中振作起来，最好的方式就是静下心来，思考自己最在乎什么和为什么这么做。在日常的喧嚣中，人们很容易丧失全局观。

为了说明将两种方法付诸实践可能产生的影响，我在此讲述一个我曾经合作过的一家网络企业的故事。这家企业增长势头迅猛，管理团队一直对此很满意，直到有一天，他们变换视角考察了技术和客户趋势、竞争态势以及3～5年内世界变化的全貌。此时他们才发现，企业需要提高发展速度，建立新的联盟，而且为了获得想要的未来，领导团队必须改变思维。经此转变后，他们在更加清晰的未来的指引下，以惊人的速度前进。

> "在行动中保持全局观的能力至关重要。我们称这一技能为'离开舞池，走向阳台'，它生动地刻画了一个人置身于行动之外，探究'这里究竟发生了什么'的形象。"
>
> ——海菲茨和林斯基

为什么不是所有人都具备出色的领导能力？

与众多领导者合作后，我发现了他们具有的一些共性。他们除了拥有无可争辩的才华和魅力外，每个人都存在局限。成长最快速的领导人之所以能脱颖而出，是因为他们不仅能发挥已有的优势，而且能不断地突破自身的局限。

在本书中，除了帮助你增强领导能力外，我也想帮助你弄清自己是如何限制自我的，也会阐明你突破这些局限的最佳机会。在未来、激励、践行各章的练习中，我将列出人们限制自我最常见的表现。在培养领导力的过程中，突破自身的局限有时会令你取得最显著的进步。

未来：我们是如何限制自我的？

你可能会说，要在领导的未来方面做得很好，只需要设想自己想要什么。这一看法是对的，的确就这么简单，但我发现，人们通常会以三种方式制约自己的未来。

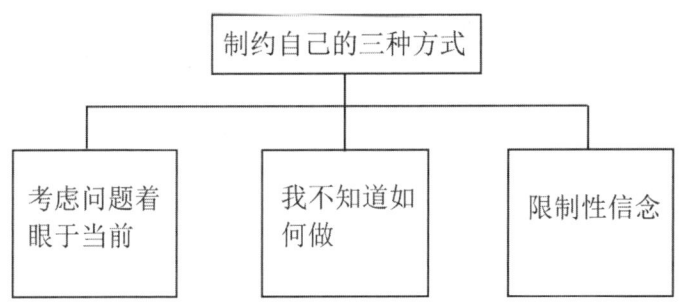

1. 考虑问题着眼于当前

我在前文中已多次提到过这个问题。当前的力量可能是压倒性的。处理当前事务的迫切性会使我们忽略了大局，遗忘了之前设定的目标。我共事过的领导者中，不止一个人曾一次又一次地沉迷于鸡毛蒜皮的小事，在不知不觉中陷入了操作者/管理者模式。每个人都可能出现这样的问题，此时的关键是保持头脑清醒，问自己"是从现在或过去出发考虑问题，还是以期待的未来为指引？"

2."我不知道如何做"

生活中限制自我最常见的方式是，因事先不知道该如何做，所以不采取行动。然而，当身处领导者模式时，"不知道如何做"并不能阻碍你前进。当你"力求做出一番成绩"时，大多数情况下你都不知道如何做才能梦想成真。想想生活中你一开始手足无措但坚信自己一定会成功且最终收获美满结果的所有事例，最基本的例子如学走路和骑自行车等。

"除非一个人投身于行动，否则总会有犹豫不决、有想放弃的时候，而这往往毫无益处。细想所有积极的创造性行为后可得出这一结论：一旦一个人真正地投身于行动，那么上帝也会对此有所回应。无数的创意和卓见都因忽略了这一事实而被扼杀。"

——W·H·穆雷

3. 限制性信念

这是自我限制最严重的方式。如果我们想在大多数时候都做到最好，那么我们就确实需要好好探讨一番这个问题。我们先在这里开个头，到第 7 章再进行深入地探讨。

我将更多地通过讲述自己的人生经历进入这一主题。过去我常常以为，只有我才饱受自我怀疑的煎熬。我常常怀疑自己不够优秀或聪明，不能胜任所从事的工作。

在我眼里，周围的每个人似乎都很自信，只有我时常忧心忡忡，怕自己丢人现眼。

多年之后，我发现这完全是错觉。与许多令人敬佩的有识之士进行了真诚的交谈后，我意识到，每个人都有疑惑、恐惧和不确定的时候。有时候，这些信念和感觉会严重阻碍我们前进。

如果现在遇见我，你可能会认为我是一个自信的人。但是，当你知道我心里不时在想"我在这里做什么呢？我只是个来自维甘的毛头小子而已"时，你可能会很惊讶。

这样的思维正是我限制性信念的一个例子，而且，尽管你我情况有所不同，但毫无疑问，你肯定也存在一些限制性信念，它们会阻碍你向理想的自己迈进。许多人与我共有的限制性信念包括：

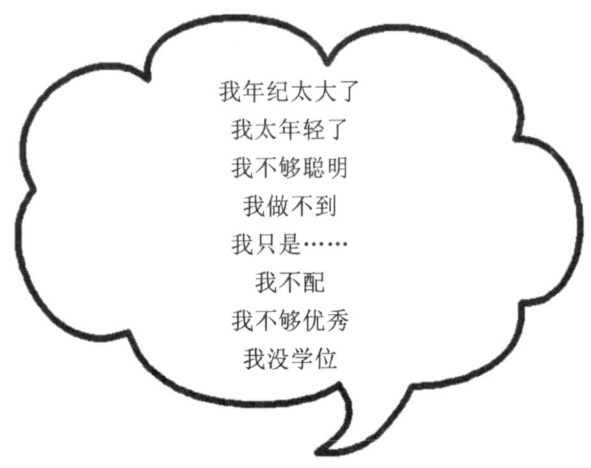

　　上述哪条引起了你的共鸣？我在这里想强调的信息是，这些想法会对你施展未来能力产生严重不利的影响。一些共事过的人曾痛苦地告诉我，他们没有实现真正想要的未来。我发现，这些人无一例外都因为与限制性信念相关的原因而受到了阻碍。例如，一些人不明白自己本应该做得更好，一些人甚至不允许自己思考真正想要什么，因为他们不相信自己能梦想成真，因而也不想自寻失败。

　　研究了限制性信念对数千人的影响后，我得出的结论有好有坏。坏的一面是它们不会自动消失，好的一面是你可以做很多事情来降低它们的不利影响。做法如下所示。

　　首先，要认识到它们的存在。当你注意到限制性信念并说出其名称时，它们的力量会迅速减弱。比如，当我感觉无力且不在领导者模式时，我会问自己当时的想法和感受是什么。我的答案通常与"我只是个来自维甘的毛头小子"或"我不够优秀"有关。意识到这些，我就有可能弄清自己是否真的相信这些想法。事实上，我大多数时候都不相信这些想法，只不过这些限制性信念似乎在休眠时被某些人或事唤醒了，从而控制了我的感受和行为而已。

所以你现在要：

● 想想你感到无能为力、陷入困境或效率低下的时刻，你如何评价自己。

● 将答案记录下来，然后问问自己多大程度上认同这些评价的真实性。

● 面露微笑。

● 然后将答案与下一个关键的问题联系起来，它是任何踏上领导者成长之路的人都要回答的问题。

> "我们大多数人都持有两种相互矛盾的信念，它们会制约我们的创造力。其中最普遍的一种是，我们没有能力使梦想成真；另一种则是，我们不配得到真正想要的东西。"
>
> ——彼得·圣吉

问题 3：你想成为什么样的领导者？

在成长为领导者的过程中，你会遭遇挫折和失望，会感到精力不足、信心动摇。有时候你会觉得那些限制性信念是对的。这时我强烈建议你变换视角，描述你处于最佳状态时的样子，也就是想象你身处理想的领导状态时的样子。这样你就知道自己想成为什么样的领导者了。

讲讲几年前我第一次有意识地进行此类练习的经历。当时，我大约 80％ 的工作是协助一家跨国公司实现各个层面的文化转变。某个星期二，一位主管给我打电话说："史蒂夫，我想你应该知道，我刚见过董事会主席，他对我说：'我不会让史蒂夫·拉德克利夫管理公司。'"听闻此言，我大吃一惊！

按原定计划，星期五我要与这位主席共进午餐。周五当天我正要踏入会议室时，之前通过电话的那位人力资源部主管一把拉住了我说，主席现在心情很不好，而且已经忘记了跟我一起吃午餐的事。你可以想象得出，当时我的限制性信念是多么真实！我内心很惶恐，一度想溜之大吉算了。但我很快平复了心情，在内心询问自己想成为什么样的人。我的答案是，我想成为一名出色的专家型顾问，对这家公司数千人的生活带来积极的影响。

想到这里我深吸了一口气并走进了会议室。与主席互致问候后，我们直奔主题。我直截了当地问他，我的工作是否给他带来了麻烦。随后我们进行了深入的交流，澄清了疑虑，理顺了所有的关系。最后，在我的帮助下，他和领导团队为整个公司缔造了充满活力的新文化。

处理类似的问题并不总是这么容易，但与我一样，你总是可以问自己这一问题：你想成为什么样的领导者？

对此问题，你需要一个能振奋你精神的答案，我要求你马上将答案写下来，不能犹豫。不要过于谦虚和考虑稳妥因素，因为你的限制性信念还在不知不觉中影响着你。运用你的未来力量，描绘出未来你处于最佳状态、成为期待的领导者时的样子。

我想成为的领导人是：

_____

_____

_____

_____

_____

_____

回答这一问题时要注意你的精神和感受。要时刻铭记和运用"你想成为什么样的领导人"这一问题。当工作进展不顺利或者状态不佳时，想想你期待的巅峰状态，让理想的前景鼓舞你继续前行。

想象你现在就已经处于最佳状态了，你会做什么？你的感觉如何？你会说什么？让你此时的形象振奋你的精神。

这是我推荐给你的最有效的一种练习。当你成长为心目中期待的领导者时，你会创造出更加辉煌的未来。这一方法非常重要，因此我还会在第 7 章中更深入地探讨它。读完本章后，你可以选择直接阅读第 7 章，然后再返回主题为"激励"的第 4 章。

> "成长为领导者是一个个体过程，意味着对当前的自己和未来理想的自己有深刻的认识。一旦意识到这一点，我们日常的人际交往和工作行为就会受到影响。"
>
> ——希拉里·欧文

小　结

我们从领导力的基础谈起，本章的所有内容都以对三个问题的回答为基础，它们是：

1. 你在乎什么?

2. 你为什么领导?

3. 你想成为什么样的领导者?

明确了你在乎什么、为何领导以及想成为什么样的领导者后,你就能在逆境中保持清醒,获得力量,重新振作!

要当心本章提及的限制性信念,若置之不理,它们会产生各种危害。

FED 实践

史蒂夫·霍利迪(STEVE HOLLIDAY)的故事

史蒂夫·霍利迪在西门子公司任职,为了成为心目中期待的领导者,他一直在进行练习。他写道:

"昨晚,我乘火车从纽卡斯尔出发去南方,途中结识了一些新同事。我与他们之间建立的关系超出了预期,这令我很兴奋。我反思了这一结果产生的缘由。

会面之前,我既对希望实现的目标感到很兴奋,又对未知的因素和实现目标的方法感到焦虑。我想知道他们是否喜欢我,我能否表现出最佳状态,是否足够优秀!因这样的感觉和想法,我脑海里闪现出了自己处于最佳状态时的样子,之后一切都变得简单了。虽然不知道结果会如何,但我以想要的未来为指引,积极开展行动。

续

　　还有，遇到这些新同事时，我倾听他们的想法，在重视他们意见的同时坚持了自己的立场和信念。对可能性的探索感觉好似开启了一段旅程，尽管前途未卜，我们却能带着自信、信念和决心上路。

　　途经谢菲尔德市时，我向朋友马丁说出了自己的感受，他的反应让我很开心。他问我：'为什么不一直这样呢？这不难做到啊！'

　　我回答说，如果想的话，我们确实能在大部分时间里做到最好，但这需要我们真正地关注自己、人际关系和我们热切期盼、令人振奋的未来。尽管我们不能每天都处在最佳状态，但却可以每天进行练习，以理想的领导者形象示人。"

第四章

未来-**激励**-践行

激励与"沟通"或"告知"存在本质的区别，但明白这一点的人还不够多。

● 未来—激励—践行

● "激励"与"未来"不同

● 激励的层次

● 激励涉及的因素

● 激励与结果金字塔的关系

● 激励的四个方面

——1. 关系

——2. 可能性、想法

——3. 机遇、优先事项

——4. 行动

● 三个"激励"练习

——1. 有意识地练习"激励"而非"传达/沟通"

——2. 有意识地练习建立"大关系"

——3. 有意识地管理"领导者阴影"

未来—激励—践行

我将在本章阐述这三个方面的内容：激励如何增强领导力未来方面的能力、高效管理的关键因素是什么，以及为了成为激励能力强的领导者可进行哪些练习。

蒂姆是一家知名企业的领导，手下有数万名员工。他堪称激励他人的世界级负面典范。我打赌你也认识蒂姆这样的人。

蒂姆很明确自己想要实现的目标是什么，但他的领导风格主要是"传达"和"告知"信息，而非"联结"和"激励"人们。周围的人总觉得他喋喋不休，有时还觉得他盛气凌人，似乎他希望员工们都服从他的命令。尽管员工们能按蒂姆的要求开展工作，但关键问题是，他没有激发出他们表现出最佳状态和多付出一份心力的"欲望"。

与此相反，我经常目睹人们真正得到激励后所创造的奇迹，所以，当我遇到蒂姆这样的人且发现他们远不能激发周围的人充分施展其卓越才华时，我还是很惊讶。

所以，我建议你不要单纯地"传达""展示""报告"或"告知"

信息，而是要想方设法"激励"人们，这样他们才能与你携手并进，共创未来，你才可以向既定的目标大步迈进。

> "我的研究发现，所有成功的领导者都对他人很热情。他们也知道如何让自己专注于眼下的工作。他们关心每次互动后他人的感受。"
>
> ——诺埃尔·蒂奇

"激励"与"未来"不同

领导的"未来"方面侧重的是你自己，它涉及你的思维、想象，是要明确你在乎什么。在这一方面，你关注的是你自己，比如你的精神状态如何，你是否选择进入领导者模式。你不需要与任何人接触就能在此方面表现出色。

但激励不同。激励涉及的是，你对他人会产生何种影响、如何与他人建立联系、如何激发他们的思维、如何影响他们的活力等。在激励中你仍需关注自我，但同时你还必须注意形势和周围人的行为和感受，这实际上属于"情商"的范畴。

你还要认识到，激励总是发生在你与他人的关系之中。你激励他人的能力在很大程度上取决于你建立"大关系"的能力，这一能力可助你完成工作。

我这里提到的大关系，并不是指你喜欢每个人同时每个人也喜欢你。我是指你已经建立的强大、舒适或健康的……关系，这样的关系能帮助你团结他人，完成工作。

可以说在你的大关系中，人们在激励之下不仅与你一起投身于工作，还融入了你的世界。

这是很重要的区别。当你激励他人与你一起工作，并且他们选择与你一道共建美好未来并融入你的世界时，最好的结果就会出现。从我之前讲述的自身经历中你也能体会到这一点。当你得到其他人的激励，然后积极投身于未来的目标或项目时，你也融入了他人的世界。

我们再回头看看蒂姆如何制约了自己的领导力。他才华横溢，精力充沛，在领导的"未来"方面表现堪称出色，但他的情绪能量，即打造人际关系的能力很差。更糟糕的是，他认为要让人们追随他，他只要具备更多的智力能量即可，也就是说，做事更有逻辑、进行更多的分析和论证。

请注意，我并没有说你必须成为能启迪他人或魅力无穷的人。我说的是，如果你想实现期待的未来，你就要在与他人的互动中有所作为。从某种程度上说，就是你需要激励周围的人。无论你的个性或其他特质如何，我都鼓励你这么做，而且要尽力做到最好。

为提高蒂姆的激励能力，我向他提出建议，让他弄清楚自己对同事的影响。从同事的反馈中他了解了这一点，而且他惊奇地发现，他想要的影响即预期影响与实际影响之间存在巨大的差距。获知这一信息后，他明白了自己必须做出改变，帮助人们做到最好。自此之后，蒂姆的领导风格大变，成了一位高效的领导者。

在考虑如何做才能变得更具激励性之前，我想阐明人们得到激励的好处。你可以登录网址 www. futureengagedeliver. com/book 下载有关这一主题的案例。

激励的层次

就领导力的激励方面而言，有两点需特别注意。第一，你想要的未来当然可以用目标、战略或计划来表示；第二，有时更重要的是如何将人们与目标或计划联系起来。如果你的领导更多地依靠"传达"或"告知"模式，那么你就不会注意到人们的实际状况，不会注意到他们与你想要的结果是如何联系的。如果你想激励他人，你就要密切关注这个问题。

如果其他人并不在意你的愿景有多么鼓舞人心，或者你的战略多么有说服力，你该如何做？如果他们抵制你要实现的目标呢？下面的模型改编自彼得·圣吉的"对愿景的可能态度"，你可运用它分析人们对你想要的未来持何种态度，同时也可为你如何激励他人提供一些强有力的见解。

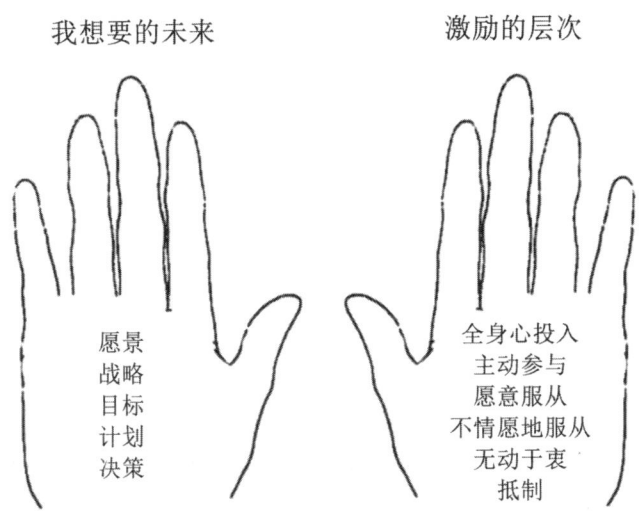

模型的左手边列出了你可能会领导的关于未来的各个方面，右手边描绘的是与未来有关联或者得到激励的人的表现。我这里想探讨的是右手边的内容。

出现在模型右手最下方的是"抵制"一词。意思是你想要的并非人们想要的，因而他们会持抵制态度。他们可能会贬低你所做的一切，或者鼓动同事与你对着干。无论如何，如果他们持此种态度，你肯定不会取得进步。

在上一个层次上，一些人不在乎你追求的目标，处于"无动于衷"的状态。持这种态度的人可能是最难激励和转变的。

在稍微积极一点的层次上，一些人可能会"不情愿地服从"。就是这样一种感觉："好吧，我不想那么做，但如果你想让我那么做，我就那么做。但我那么做仅仅是因为迫不得已，而不是因为我愿意那么做。"此时，你可能获得一些前进的拉力，但也存在明显的阻力。

再上一层是"愿意服从"，持这种态度的人就算"好战士"了。这时人们的行动与整体的愿景、战略、计划相一致。感觉就像："好吧，如果那是你想要的，我会做下去"，但此时的人们内心并没有澎湃的激情。持"愿意服从"态度的人能够取得大量成果。这一层次的激励足以使"日常业务"得到良好的运行。

在上述所有层次中，人们至多会"顺从"你的意愿。当人们"选择"与你携手共进、想你之所想时，真正的奇迹才会发生。

此时，他们会自然而然地发挥创造力，热情地提出新颖的想法。这时他们就处于"主动参与"层次了。

但是，即使人们主动参与，他们也会有分心的时候，也可能将重心转移到其他优先事项上。当你激励的人能够全身心地投入到你所追求的事业中时，这一切都会发生改变。他们会释放出自身长久以来积蓄的能量，因为你的追求与他们在乎的事物紧密关联，你想要的实际上也是他们想要的。

我常常建议客户运用这一模型，它确实能够激发有关某些问题的思想交流，比如：如何激励人们，领导者希望人们受到哪一层次的激励。现在我们运用这一模型分析你及周围人的状况。首先，要注意你自身的下列问题：

● 生活和工作中，你对哪些事情持抵制或无动于衷的态度？哪些事情是别人非常重视，但你却不想投入丝毫精力去做的？如果你能反省自己，你会发现生活和工作中的诸多问题。

● 生活和工作中，哪些事情是你"顺着做"的？哪些事情其他人想看到或想促使发生，而你只是顺着做却不想投入额外的精力？（对于这一问题，我总是会想起家务活。）

● 生活和工作中，哪些事情是你选择主动参与并促使发生的？在哪些事情上你受激励的层次是主动参与或全身心投入？

● 当你受到激励时，你的精力和态度有什么变化？

●事情会因你受到激励而发生什么变化？更快发生的是
什么？

大多数人说，他们受到激励和"顺着做"或不在乎产生的结
果非常不同。我希望你以自身为例，思考不同层次的激励产生
的不同影响，这样你就能想象得到，当人们真正得到激励时，
你的团队、项目或组织会发生多大的变化。

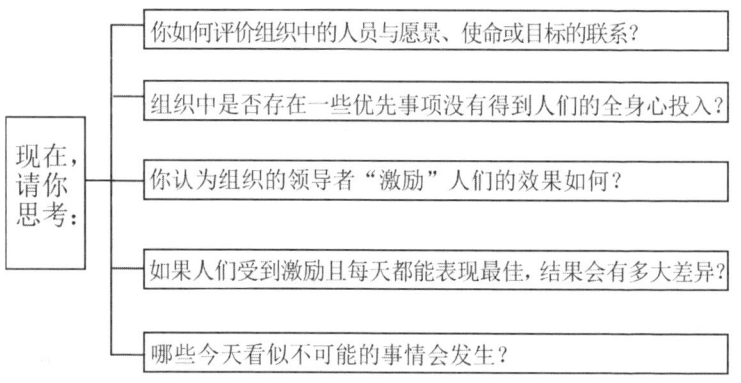

你可能在激励层次较高的组织内生活，但不幸的是，像你
这样的人只是少数。大量调查显示，世界各地的很多组织都存
在激励层次低的问题，我的亲身经历也验证了这一点。

现在花时间考虑一下，与你一起工作的人是否与你的追求
有关联。你能否确认哪些人得到了激励，哪些没有？你是否意
识到了与受激励的人共事有多容易？工作效率提升幅度有
多大？

我的目标之一是，帮助你更多地思考如何有意识地激励他人和增强你的激励能力。为此，现在我们看看激励涉及哪些因素，如何做才能使激励更富有成效。

> "全身心投入始于早晨迫切地上班和晚上愉快地返家。它意味着自己能够专注于自己的使命，无论是应对工作中史无前例的挑战、与心爱的人共度美好时光还是只是娱乐。全身心投入意味着生活方式的根本性转变。"
>
> ——勒尔和施瓦茨

激励涉及的因素

我再次重申，对你而言激励并非全新的领域，实际上你已激励过他人多次，而且你已经知道激励他人会涉及哪些方面。我知道这一点是因为，为了明确激励的关键要素，我曾询问过成千上万的人，他们都给出了自己的答案。

要证明这一点，可以想想你正在激励的人，或者想想你激励某人或者被某人激励时的情形。当激励发生时，哪些因素会

显现出来？在继续阅读之前，请把最先闪现于你脑海的答案写
下来：

我对许多人提出这一问题时，他们给出的答案通常是：
激励者热情洋溢、真实坦诚、被激励者的意见得到倾听、有
共同的兴趣点、与被激励者对话、向被激励者提具体的
要求。

这一问题并没有确定的答案，领导者的激励方式各不相
同，对人们的激励效果也就各不相同。但令人愉快的是，我们
可将所有可能涉及的因素归为四类。我相信，若要出色地激励
他人，你就要注意这些因素。

激励与结果金字塔的关系

在"未来—激励—践行"框架中，"结果金字塔"是我一直喜

欢使用的模型。有时候，我会使用该模型分析每个客户，因为它能快速地揭示个人或群体的互动状况。当领导工作受阻时，利用它能快速地找出致命原因以及解决方法。如果说我想用一个模型去影响你对现状、会议或其他任何互动的解读的话，这个模型就是"结果金字塔"。它能在多个方面帮助你，包括如何成为激励能力更强的领导者。

从根本上说，要做好工作，我们首先会提出**可能性和想法**，然后会选择一定的**机遇和优先事项**，二者都是我们计划和关注的对象。接下来我们会在机遇范围内采取**行动**，最终产生**结果**。用模型显示如下：

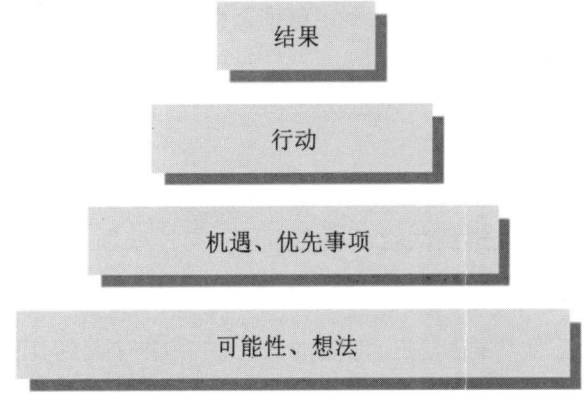

该模型不涉及高深的学问，但它能让你区分导致结果产生的不同因素，这是其真正的价值所在。然而，尽管这一模型看似简单明了，但它却涉及人的因素。金字塔内的一切变化都发生于人际**关系**内部。因此，完整的金字塔如下所示：

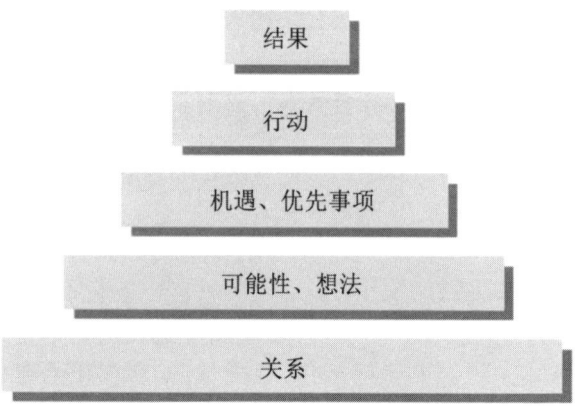

为什么该模型呈金字塔状？对此我想大声强调的一个好理由是：

你必须让人际关系大到足够使工作顺利完成。

记住，这里的"足够大"意味着"足够强"或"足够好"。

一些领导者特别善于制定愿景、战略、预算或计划，但却因员工未得到激励而动力不足。与这些领导人合作时，我每个月都会运用结果金字塔模型审视他们的所做作为。他们缺乏什么很明显：他们的人际关系没有大到让人们在受到激励后与他们共进退的程度。还记得之前提过的蒂姆吗？他就是这类领导者的典型例子，他的结果金字塔如下所示：

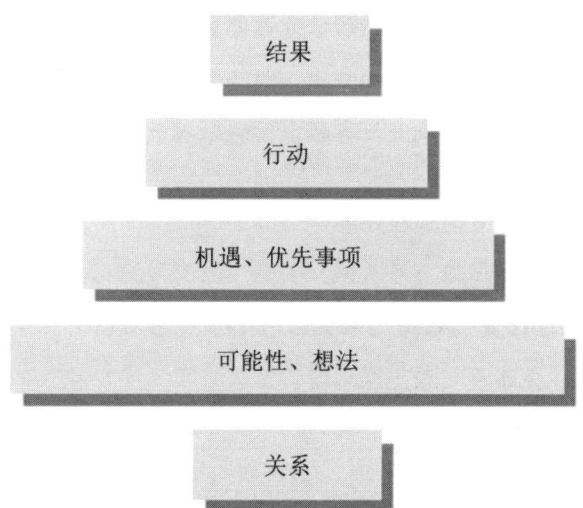

正如你所见，蒂姆已具备了很多要素：不缺可能性、确定了优先事项、明确了理想的行动，但他的人际关系不够大，这导致人们不能真正地受到他的激励，从而停滞不前。

像蒂姆一样的人不在少数，我在各行各业都遇到过类似的领导者，他们没有注意领导力的关键因素——人际关系的规模和质量，因而无法实现自己的抱负。

我要对任何想获得领导秘诀和技能的人阐明一点：领导的"未来"面所涉及的是，当你内心充盈着想要的未来的感觉时，你自己的形象如何。激励面所涉及的是你如何在人际关系中展现自己的风采。

也就是说，领导力就是你像谁以及你以什么形象示人，与

你给一个群体带来何种技能，或者你想实施什么流程无关。

你对他人的影响是经由你的关系实现的，通过这些关系渠道，你能领导、激励他人并使他们与你一起前行。这些关系要足够大才能使工作顺利完成。

我将从不同方面强调这一点，但现在我想帮助你运用金字塔模型考察高效激励的核心因素，以及提高激励层次的方法。

> "领导就是处理关系，处理的是渴望做领导的人和选择追随的人之间的关系。有时候，这种关系是一对一的，有时是一对多的。不管是哪一种，领导者都必须把握这种关系的动态。"
>
> ——吉姆·库泽斯

FED 实践

约翰·哈珀（JOHN HARPER）的故事

孩之宝（Hasbro）是全球最大的两家玩具公司之一。几年前，约翰·哈珀被任命为该公司英国区的总经理。当时英国区的绩效非常糟糕，有四个业务部门亏损，人员士气和信心极度低落，客户服务不见踪影。

续

约翰需要在短时间内使公司步入健康的轨道。他需要重振员工的士气，但由于大规模裁员不可避免，他的工作面临重重困难。

在职业生涯的早期，约翰就是 FED 的忠实粉丝，他知道此时正是大胆运用 FED 的绝佳时机。他言简意赅地讲述了公司运用 FED 的情况。他想让团队融会贯通这三大 FED 理念：

1. 我们想要的未来是什么样的？我们有多出色？

2. 我们应如何为成功而努力，如何做到最好？

3. 为了团队共建未来，我们如何建设内部关系以及和客户之间的关系？

为重振旗鼓，约翰下令公司停业一天。他将公司人员召集起来探讨这些问题。这是真正改变思维的一天。人们畅所欲言，说出了公司的真实状况，也谈了自己的真实感受。之后他们以强大的新关系作为基础，共同描画了理想的未来。

自那以后，在约翰及受他激励的其他人的领导下，公司面貌焕然一新。现在他负责整个欧洲区的某项孩之宝业务。他说："重振英国的业务收效显著。我们提高了客户服务水平，提高了盈利能力，提振了士气。"这看起来确实很简单，只需要设想辉煌的未来、释放人们的能量和建立出色的关系。

激励的四个方面

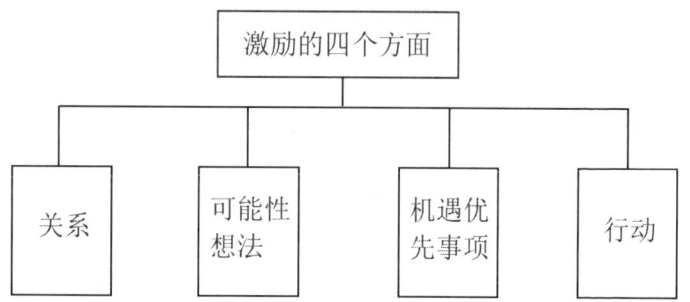

为了在一对一的对话中更有效地激励他人，许多团队和大型群体的领导人都接受过我的指导。当人们被激励时，金字塔模型中导致结果出现的四个方面的要素就会显现出来。我们在此明确阐述每个激励层次涉及的要素。

1. 关系

"激励"的理念近来日益得到重视，但许多领导人只是停留在口头上，没有付诸实践。他们中的大多数人不明白或者不想明白这一点：激励只能在特定的关系中发生。

事实是，当人们觉得你珍惜与他们之间的关系时，他们所受激励的效果会达到最佳。换言之，如果人们觉得你倾听了他们的想法、重视他们的意见，相信你非常希望他们参与进来并且能得到你的认可，那么你就能较好地激励他们。情况最佳时，你与他们的关系会让他们产生与你并肩奋斗、共同向目标迈进的感觉。

为了运用这一方面的力量，你需要进行换位思考。被某人激励时，你认为他不重视你的意见、不倾听你的想法、不认可你，你也不能产生合作感，你觉得激励效果会如何呢？

可参考下列提示：

●描述你与你乐于接受其激励的人之间的关系及你的感受。

●现在描述你与无法激励你的人之间的关系。

●同样，你如何看待你与容易受你激励的人和你无法激励的人之间的关系。

毋庸置疑，以大关系为基础的激励很容易获得成功。而且，当人们认为你真诚可靠时，激励才有效果。他们觉得你能被信任，在你周围有安全感，这使他们相信你的言行和目标。明白了这一点，你的挑战就很明确了，你要与你想领导的所有人建立更大的关系。

> "现在必须强调另一点：我们必须培养建立关系的能力，使人们更快地做更多事情。现在行得通的是可靠的、相互支持的、能激发活力的关系。"
>
> ——约翰·奇尔德里斯

2. 可能性、想法

让他人感知未来的可能、提出新颖的想法有助于你激励他人，振奋人们的精神、激发他们的能量、让他们更加乐观和充满希望。

但我要再次提醒你注意，"激励"和"未来"的焦点十分不同。

许多领导人并不清楚这种焦点的变换。他们可能对未来兴奋异常，而且理所当然地以为别人也是如此。有时候别人可能确实如此，但你真正要做的，是帮助别人看到自身的可能性，明确他们重视什么。

换句话说，你要明白激励是针对谁的。要激励他人，你就要帮助激发他们身上的可能性，不能只因为你自己感到异常兴奋就心满意足了。

那么，你如何才能以自己的追求激发他人身上的可能性呢？用一个词回答就是，共同创造。它是帮助人们提升激励层次的最强大的方法，即诚邀他们与你一起设想未来的可能性，比如：

● 未来可能是什么样子的；
● 未来有多么"美好"；
● 为实现美好的未来我们需要做哪些工作；
● 接下来要做什么；
● 我们如何一起工作，等等。

换言之，要重视人们、请他们与你一起探讨未来，而不是由你自己提出最终的愿景，这会让你更有效地激励他们。这并不意味着你忽视了自己重视的事物，相反，它意味着你邀请他人与你共同创造，使他人对你想要实现的目标产生一种主人翁的感觉。既考虑到自己重视的事物，同时又能邀请他人共创，这是领导艺术的体现。同样，有意识地练习能提高你的领导艺术。

> "如果说我还有所渴求的话，我应该不会渴求财富和权力，但我渴求竭尽所能、取得成就后的兴奋感，渴望获得一双能看到可能结果的眼睛。在失望中看到希望，在不可能中看到可能。什么美酒能如可能性这般激动人心、令人陶醉呢？"
>
> ——索伦·克尔凯郭尔

3. 机遇、优先事项

目睹了许多领导者激励同事的过程后，我得出了这一结论：激励能否成功，关键在于金字塔底端的两大因素，即关系和可能性。

然而，若仅止步于此的话，人们可能会向不同的方向发展，要想让他们专注于特定的机遇和优先事项，只做好这些还不够。

还有一点值得注意，一些人能更快地与实用性强的想法建立联系，而与看似缥缈的可能性则不然。有时候，你需要将共同奋斗的目标描述得更具体，这有助于帮助其他人更快地理解这些目标。

例如，你可能将"做本领域最出色的公司或团队"这一想法与服务、质量、创新率或对顾客、客户或患者的关注等优先事项联系起来。也就是说，此时你需要制订严谨的计划，将宽泛的思想转变为你们能够聚焦的具体领域。

此时，你仍可通过邀请他人与你共同创造的方式来提高激励层次。例如，你想做到最佳时，你可以邀请他人就可关注的机遇发表意见。或者你已经决定了将要关注的机遇，你可以问："你认为我们如何做才能在重点领域取得不俗的成绩？或者我们需要如何转变工作方法才能在这些领域取得非凡的成果？"这样的共同创造会使他人产生主人翁精神，也为后续的行动做好准备。

4. 行动

领导行为不会终结于激励他人这一环节，而是终结于践行，也就是说，可能性靠具体的机会来体现，结果通过专注的行动来实现。

激励通往践行的桥梁，是你就需要的行动开展的对话。对话的核心是提出要求和做出承诺。如果你想促使自己和他人进入行动模式，就需要从共创想法、交流看法和意见转向提出有力的要求和做出承诺。对此我解释一下。

正如我认为：

领导者要建立大关系，

我也认为：

领导者要提出大要求。

许多人到这一步便畏缩不前了，是的，此刻限制性信念又跑出来作祟了。但是，当处于最佳的领导者模式时，你会追求你想要的并提出相应的要求。你信守承诺，并且要通过你的要求帮助其他人也做到这一点。你的要求能够确保你将有关未来的想法和梦想变成现实。因此，请抽点时间考虑下列问题：

● 你提出大要求的领导能力提升得如何？

● 你生活中追寻自己所爱的愿望有多强烈？

● 在什么形势和关系中你才能全力追寻自己的梦想？

● 哪些因素会阻止你提出真正想提的要求？

好消息是，无论你的现状如何，你都能通过有意识地提出大要求的练习来提高领导效率。

一种练习方法是，在对话之前和对话中问自己一个问题："如果现在我能拥有任何想要的东西，我会选择什么呢？"然后提出要求。

> "建立大幅提高绩效的期望这一能力，仍然是最普遍的、未得到充分开发的技能。"
>
> ——罗伯特·斯卡佛

阶段性小结

奇妙的金字塔模型简单明了地说明，人们要想合作并取得出色的结果，就需要处理好四个因素。它也表明了你需要注意的关于"激励"的四个方面。

它们是：

1. 你对他人的激励发生在你的关系之内，而且大关系能促进激励工作的顺利开展。

2. 如果他人能看到自己与想要的未来之间产生关联的可能性，那么激励效果就会提高。共同创造能够极大地增加可能性，并提高激励层次。

3. 就关注的具体机遇和优先事项达成一致，激励的效果会增强。

4. 对他人提出要求、激发他们做出行动的承诺是通往践行的桥梁。

通过有意识地练习，你能快速地成长为激励能力强的领导者。为加速你的成长，我在本章末尾介绍了三种增强激励力量的练习方法。

三种"激励"练习

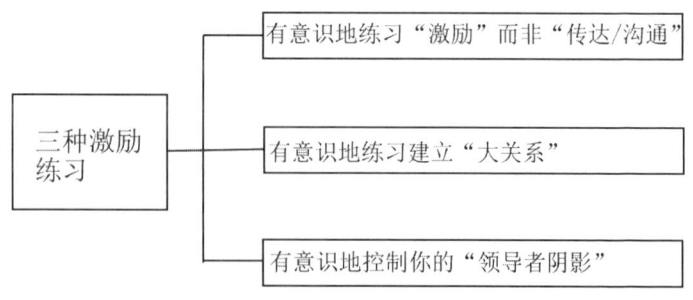

1. 有意识地练习"激励"而非"传达／沟通"

你与他人的互动是"传达、告知、展示、报告"和"激励"的综合。但是，有多少互动能变成你激励他人信服于你，并与你一道做出一番成绩的机会呢？答案肯定多于你截至目前所意识到的。

当你有所追求时，你就是在积极地寻求激励他人的机会，因此，要有意识地这么做，使它成为有意识的练习。寻求他人的反馈，从中可获知你是否激励了他人。明确自己在激励方面的优势和劣势。没有反馈，你就无法知道其他人如何看待你，因此，要尽力获得他人的反馈意见。

2. 有意识地练习建立"大关系"

要成为高效的领导者，关系的作用至关重要。我之所以多次强调这一点，是因为许多领导人并不理解它。他们错误地认为，只要在辩论中思维敏捷、说服力强就能赢得人心。

但不要成为操作者／管理者，因为他们只关注任务能否完成。

在领导者模式中，你不仅仅要完成任务，还要有意识地建立关系。

反思一下，你是否在每一次互动中都建立了关系。为什么不试着在完成工作的同时建立关系呢？那样，你不仅能更好更快地完成当前的任务，也能为未来和他人一起完成更多的任务创造条件。

作为领导者，你对他人的影响是经由你建立的关系实现的。要建立足以完成工作的大关系，需要你真正高效地完成下面的第三种练习。

> "我们越来越意识到，最佳的领导结果不能单靠权力实现，更要靠对关系的巧妙运用。在瞬息万变的商业环境中，这一技能必不可少。"
>
> ——戈尔曼、博亚特兹和麦基

3. 有意识地控制你的"领导者阴影"

你是否想过，有的人一踏入你的办公室，你就会士气低落、精神不振。你是否也想过，当有些人经过你身旁时，无论你在做什么，你都会变得士气高昂、精神振奋、生气勃勃？

这是非常有趣的现象。有的人来到你身边，不讲一个字，你都会感受到不同。我对此的看法是，我们每个人都有散发"领导者光辉"和投射"领导者阴影"的时候。

通过回答上面的问题，我确信你能很快确认他人向你投射的阴影和带来的光辉。但是，要成长为激励效果强的领导者，你需要回答下面这几个重要的问题：

● 你有多了解自己能带来的光辉和投射的阴影？

● 你有多了解自己带来的光辉和投射的阴影对不同的人造成的影响？

● 你有多了解因对他人投射阴影导致你的关系受限，而你却不自知？

实际上，要获知这些问题的答案，你不能仅靠自己，要再次求助于支持团队，与他们开展对话。要对他们讲明你想对周围人产生什么影响。但接下来你会发现，与人们感受到的实际影响相比，预期影响的作用微不足道。

我敢保证，有时候你不仅没有实现预期的影响，而且你还对此毫不知情。

我永远记得跟一位非常能干的领导者及其团队一起工作时的情形。这位领导名叫桑迪，他非常聪明，他希望给同事们产生这样的影响：在形势困难、遇到挑战时，同事们有被倾听和被珍视的感觉。然而，当我请其同事描述在桑迪身边的感受时，他们说的是"强迫、践踏，不够好"，还有"我何苦自寻烦恼呢?"这样的疑问。

这绝对不是桑迪想要的影响，得知同事的真实感受时，他感到万分震惊。

当然，只有知道了自己投射给他人的阴影后，桑迪才能进行补救，你也是如此。为了快速成长，你必须清楚自己的光辉和阴影。问问同事，你与他们一起工作时，你对他们的精力、感受、对可能和不可能性的看法产生了什么影响。我也发现，这种来自大后方的反馈非常具有启发性。

认识到这些，无论身处何处，你都能明智地掌控你的阴影产生的影响。反过来，这也能帮助你与他人建立大关系，并激励他们更积极地响应你建设美好未来的大要求。

"领导者的行为是企业文化的集中体现，是他们展示和容忍的行为。改变领导者的行为就能改变企业文化。领导者个人行为和企业表现的变化有多大，企业文化的变化就有多大。"

——迪克·布朗

小　结

作为领导者，当你"力求做出一番成绩"时，你与他人的每次互动都是你激励他们与你一起共创未来的机会。为什么不多加练习，以便在更多类似情形下更好地激励他人呢？与他人建立关系，带来你的光辉，管控好你的阴影。

FED实践

露西·基德(LUCY KIDD)的故事

露西·基德之前是我们的一位客户，原先在联合利华工作，现在是史蒂夫·拉德克利夫培训团队中的一员。她对激励重要性的看法很有趣。

"当时我正在练习的是，发现抵触的事情后，选择投身于它，顺势而为，看看结果会如何。

一天，三岁的儿子叫我过去，当时我正在研究一份文件。以前出现这样的情形时，我可能马上会对他的打扰产生抵触心理，但当时的我没有在意，而是深吸了LM一口气，决定全心全意陪着他。

续

一天，三岁的儿子叫我过去，当时我正在研究一份文件。以前出现这样的情形时，我可能马上会对他的打扰产生抵触心理，但当时的我没有在意，而是深吸了一口气，决定全心全意陪着他。

他想让我看看他刚在床单下搭好的'狐狸窝'。'内心抵触的那个我'很可能会马马虎虎地应付一下，道声'晚安'后便匆匆返回到电脑前。但当时的我跟他一起钻到了床单下，当了一会儿'狐狸妈妈'。返回电脑前继续写文件时，我面带微笑，内心感到十分温暖。选择投入而非抵制，不仅使我与儿子建立了更积极的关系，也使我感到自己活力四射。

当我们选择全身心投入时，我们就毫无保留地交出了自己。放弃抵触、选择投入，我们会与自己最重视的事物建立联系。说起来容易做起来难，但当我们真这么做了时，我们就会精力充沛，展现出自己最好的一面。

所以要留意你内心抵触什么，这样的抵触如何影响你的精力，以及怎样才能将抵触转变为投入。以下的问题可能会对你有帮助。

● 你抵触的根源是什么？

● 如何才能放弃抵触？（深呼吸或者与大局相联系）

● 为了全身心地投入，你还需要做什么？"

第五章

未来-激励-**践行**

......重点不是你自己践行得有多好，而是你通过他人践行得有多好。

● 未来—激励—践行

● 通过他人践行

● 现在多践行

——1. 践行要出色，必须首先在"未来"和"激励"方面出色

——2. 践行要出色，必须重视践行及其结果

● 未来多践行

● 全部付诸于实践

● 领导者的践行对话

未来—激励—**践行**

你每天都能在报纸上看到践行不力的组织典型，它们不能实现抱负、战略、计划，不能提供高质量的商品和服务，不能实现目标、不能获得想要的结果。这必定意味着组织内有相当多的领导者没有践行！

他们本不应该如此。我曾亲眼目睹了一些领导者如何借周围人的力量完成了出色的践行工作，从他们身上我学到了很多。

本章中，我将介绍一些思想和实践方法，它们能在两个方面显著提高你的践行能力。首先，你可以采用一些方法提高你目前的践行能力；其次，你可以采用一些方法提高周围人的践行能力，从而提高未来的践行力。

首先我要确保你从领导模式，而非操作者/管理者模式出发来考虑践行问题。我先讲讲拉的故事。

通过他人践行

拉里是洛杉矶一家化妆品公司生产部的主管，我之前也曾经营过这家公司。在公司工作了多年后，他对公司的一切都了如指掌。

作为培训师的我，对这个被称之为"工厂"的地方知之甚少，因此我向朋友、制造专家麦克求助，请他谈谈对这家工厂的看法。

麦克认为这家工厂运转良好，但他的一句评论却令我印象极为深刻。他告诉我，尽管拉里应当继续确保所有生产线的正常运转，但从现在开始，他不应该再碰一下机器了。

麦克的话验证了这一点：拉里是一位出色的操作者/管理者，他凭借自己的专长使工厂运转良好，但如果要实现在全美拓展业务的宏愿，他就需要成长为能通过他人践行的领导者。

我们都知道如何才能完成工作，那就是采取行动。践行力是助你事业发展的素质之一。有时候你必须在操作者/管理者模式中践行，但要当心，这恐怕是你的弱点，特别是当人们需要你处于领导者模式时。

有时候你很容易就陷入倒退，"哦，我做得更快"，或者你脑子一热，脱口来一句："交给我，你就瞧好吧!"但是，如果你此刻正试图通过他人践行，那么你这样的做法就是错误的。

要做一位践行出色的领导者，你首先要确保自己处于正确的模式。

在领导者模式中，你首先考虑的不是"我应该做什么?"而是"我想激励什么人"以及"我想对他们提出什么要求?"

这是思维模式的转变，领导新手们尚没有完成这一转变。在第 4 章中，我曾介绍过"领导者提出大要求"的思想，这里我要再次提及，因为这是很关键的领导能力。我们都拥有这种能力，但大多数人不能显著增强这种能力。

现在稍停片刻，考虑以下问题：

● 你亲自出马做具体工作的倾向有多强烈?
● 向他人提出要求是否为你的首选?
● 你想对谁提出要求?
● 你不想对谁提出要求?

●你对领导者模式而非操作者/管理者模式中的践行有清
晰地判断吗?

要有意识地进行练习。首先需要注意自己是否有事必躬亲
的倾向,然后选择不这么做,而是对其他人提出大要求。我稍
后会更详细地介绍践行练习,现在我只想明确,你是否清楚要
善于"现在多践行"需考虑的两个因素。

> "除非所有领导者能在各个层面进行执行练习,否则
> 没有公司能够执行规划或灵活适应变化。执行必须是公
> 司战略及其目标的一部分。它是抱负和结果之间的桥梁。
>
> ——拉里·博西迪

从德里克身上我发现了践行的两个关键因素。

德里克是一家大型企业的总经理,他和团队一起制订了企
业目标、明晰的战略,根据不同的品牌和顾客制定了详细的计
划,还确定了衡量指标和完善的财物控制方法。任务被分解到
了各个部门和个人头上,并定期检测进展,一切都安排得井井
有条。

然而,尽管前期工作如此完备,企业却没有践行。

最终公司没有完成目标，开始走下坡路，德里克也被扫地出门。作为一名领导者，德里克忽视了两大因素。我认为这两大因素对借助他人践行至关重要。

1. 践行要出色，必须首先在"未来"和"激励"方面出色

践行并非领导的唯一方面，它紧随未来和激励之后。我们可用两个石雕工人的故事说明这一点。你遇到了第一位石雕工人，问他正在干什么，他回答说："我正在雕刻石头。"然后你问第二位心态比较积极的石雕工人同一个问题，他的回答是："我在建造大教堂。"

这个故事告诉我们，当你需要人们持续为你践行时，你不能要求他们现在雕刻更多的石头，之后再要求多雕刻一些。你必须帮助他们设想一个更宏大、更吸引人的未来，而且还要激励他们与你一起共创未来，这样他们就不会觉得那只是"你的教堂"，而非"我们的教堂"了。德里克两点都没做到。

要了解你对这一问题的看法，请回答下列问题：

●当你感觉自己只是被要求多雕刻些石头时，你的践行会如何？

●当你感觉自己是建设大教堂的人中的一分子时，你的行

为会有何不同？

●当你建造大教堂时，你的精神、你的品质和动力是否会有所提升？

因此，出色的践行需要以出色的未来和激励为基础。如果你从他人身上看不到你希望的践行水平，那么你先要反思自己在未来和激励方面存在哪些不足。

更重要的是，你要与他们进行核验，弄清楚他们对你工作的真实评价。

> "没有行动的愿景只是空想，没有愿景的行动只是在消磨时光。愿景加行动才能改变世界。"
>
> ——尼尔森·曼德拉

2. 践行要出色，必须重视践行及其结果

即使你对想要的未来热情满满，也很好地激励了他人，仍然存在阻碍你借助他人践行的因素。为了遏制这些因素，你需要以一定的方式开启领导的践行工作。

尽管人们可能想与你一起践行，但他们也是人，他们会受

到干扰，失去理智，犯错误，遗忘。他们从不同的部门得到不同的信息，可能不清楚要做什么以及为什么做。有时候他们会因不相信自己具备完成工作所需的工具或看到别人与自己对着干而变得异常沮丧。考虑制约组织践行能力的因素时，不要遗漏了这些。

践行能力强的领导者认识到，这些负面因素是必然存在的，他们会不遗余力地消除它们。其他作者也阐述过这一点：吉姆·柯林斯的研究发现，最精于践行的领导者具有必胜的决心；拉里·博西迪等人发现，情绪韧性对执行水平至关重要；其他人则认为良好的执行需要专注、纪律和复原力。

你已经具备了这些素质。在你人生中的某个时刻，它们成了你的一部分。但你如何才能将这些素质运用于领导的践行方面呢？我的答案是，让你想要践行的工作成为引领你的目标的一部分，这反过来会与你重视的事物产生深入的联系。换句话说，你践行的焦点正是你想要的未来的重要部分。

这是非常重要的联系，但它也很容易被忽视。没错，只有将你对未来的渴望转变成可以集中精力实现的目标和结果才有意义。

但许多公共和私人部门的组织都只盯着这些具体的指标，却丧失了对整体的关注。

所以要多问自己全局性的问题，比如"我们的总目标是什么？""辉煌的成功看起来是什么样子的？"以及"为了实现想要的未来，除这些指标外，我们还要注意哪些因素？"

要践行的事项对你重要时，你就能在践行方面运用强大的领导力。你会确立高预期、设定高标准。当其他人可能受到干扰时，你则能保持专注，做到锲而不舍、有始有终，而且你还能让人们各司其职。你和其他人自然能把践行方面的实践部分，如计划、里程碑指标、流程和时间表落到实处，确保及时采取行动。

关键是，你会在许多领导者止步不前的一个方面做得更好，这就是对糟糕表现的处理。我经常看到的现象是，领导者费尽心力让员工践行，但由于不能直面糟糕的表现，取得的成绩付诸东流。是的，这时进行对话是令人不适的，但如果你想要的是对你而言重要的或你在意的，你就要克服这样的不适。你越重视践行，你对糟糕表现的容忍度就越低。

当人们看到你重视结果、说到做到时，他们的行为就会发生改变。一个简单的例子就能说明问题。与许多青少年一样，我的儿子阿历克斯极为邋遢。年纪很小时，他妈妈就要求他整理房间。听到妈妈的要求后，他心里马上就会打起小算盘，"她是不是认真的?"根据对妈妈态度的判断，他会决定是否采取行动。

类似地，有一天，一位朋友对我说:"过去我们为特里工作时确实很卖力，能看出他确实希望我们好好干，所以我们就照做了。"

两个例子中发生的情形概括起来就是:

抱歉，我听不见你说什么，因为那个真实的你正在朝我大喊大叫!

换言之，在许多互动中，人们都会解读话语背后"那个真实的你"。这一点对践行至关重要。

你周围的人都在不断地琢磨你:

●你对他人提出的要求对你而言重要吗?

●你是认真的吗?

●你提出要求时体现出紧迫性和坚定性了吗?还是带着焦虑或迟疑?

●你是否能言必行，行必果?

在观察了最高效的领导者多年之后，我逐渐认识到，将践行提高到新层次的正是对践行的较真态度。如果你想让别人表现出最好的状态，只制订完美的计划和时间表是不够的，你还必须展现出你所拥有的强大力量。回想之前提到的德里克，他没有激励下属们与他一起共创美好的未来，下属们认为他不太重视结果，因此就没有采取行动。

　　为了使你现在多践行，我马上介绍一个模型，它能帮你认清你在这些方面的表现。

　　　　"凯恩没有鼓舞人心的个性，因而不能激励整个公司，但他具备更强大的武器，那就是激励标准。他无法容忍任何形式的平庸。之后在亚培实验室任职的 14 年里，他坚持不懈地以追求卓越的坚定决心促使他人践行。"

　　　　　　　　　　　　　　　　　　　　——吉姆·柯林斯

FED实践

罗布·威尔逊(ROB WILSON)的故事

罗布·威尔逊教授是英国南提兹急性病 NHS 信托基金会(South Tees Acute NHS Foundation Trust)的医疗部主管和外科医生,同时也是杜伦大学(University of Durham)的外科学系教授。他非常感谢一位同事给他介绍了 FED。他写道:

"在担任外科医生顾问长达 20 余年后,我下个月就要成为一家医院的医疗部主管了。这是我近期职业生涯中最重要的事,它让我精神大振。感谢同事彼得·利斯(Peter Lees),他是 FED 法的忠实粉丝,在他的帮助下,我也成了这一方法的热情支持者。

上任之初,我肯定需要得到尽可能多的帮助。医院里有医务人员近 1000 名,全部职员超过 7000 人。作为资格最老的医生,我要对医院未来 5 年左右的战略和管理担负起领导之责。

但是,这一领导工作让我最先想到的重大挑战是什么呢?对我而言就是踏踏实实地做出一番成绩。应对这些新挑战需要我积极地运用 FED 的所有原则。

我已经增强了一些 FED 领导能力。我对未来有清晰的愿景,我已经踏上了领导之路。我知道利用这些积极的方面可以激励他人与我一起共建未来,可以将我们面临的财务挑战视为所有人的大好机遇。我真的相信,只要我坚持练习,不断增强未来和激励能力,我们就一定会共同践行,取得丰硕的成果。我还知道,作为力求做出一番成绩的领导者,我需要不断发展我的支持团队。感谢老同事对我的指导,让我踏上了这一令人兴奋的领导之旅。"

未来多践行

"现在多践行"是指自己和他人目前能人尽其才。"未来多践行"主要是指促使自己和他人成长，以便提高未来的践行能力。

令人鼓舞的是，我看到有越来越多的领导人正致力于发展自己的员工。然而，陈旧的领导力思维限制了他们采用的方法，结果是许多员工被培养成了优秀的追随者。但是，若想未来多践行，我鼓励他们将其他人培养成领导者。这是完全不同的思维。

很多旧观念都建立在一人领导、众人追随的思想基础之上，这样的思维不仅限制了员工的成长，也制约了他们可能的践行水平。约翰·科特（John Kotter）就曾痛斥过这种思维，他写道：

"大型组织中仅有一两位领导者的观念是荒谬的。其问题在于，它会使人们相信领导非自己分内之事。我希望培养出 1 亿新领导者，而非 1 亿执行总裁。要让更多的人在工作岗位中发挥领导作用，无论他们从事什么工作。"

这与我的看法不谋而合。领导并非头衔或年龄赋予的职位，我们每个人都是领导者。正如我之前谈过的，你周围的人因自身局限不能成长为领导者，你的帮助会令他们大为改观。你可以帮助他们辨别领导者模式与操作者/管理者模式；帮助他们弄清如何增强领导能力；甚至帮他们确认并突破限制性信念。

我鼓励你牢记从本书和其他资源中学到的一切知识，运用它们帮助其他人成长为领导者。这么做的影响巨大，事实上，从事过 25 年咨询工作的诺尔·迪奇（Noel Tichy）就曾总结道：

"优胜企业成功的关键在于其优秀的领导人，他们会悉心培养组织内各个层次的领导者。"

请暂停片刻，思考一下，对你而言，将他人培养成领导者有何可取之处？你要如何考虑问题？如何开启与其他人的对话？何时提出问题而非给定答案？对于他人的需求和成长，你还需要了解哪些信息？

下面这些提示有助你回答上述问题：

●你之所以致力于将他人培养成领导者，是因为它是你秉持的成功信念的核心部分。若你是按他人的要求或最新的人力资源计划才这么做，那么，结果不会尽如人意。

●你要确立这样的心态：不仅着眼于做好当前的工作，还要不断寻找促使他人成长的机会。我们可能会沉迷于现在的践行而忽略了对未来的投资。

●鼓励他们思考我在第 3 章提出的问题，即鼓励他们思考自己"在乎什么"、"为何领导"以及"想成为什么样的领导者"。当然，如何看待他们、希望他们如何成长，你有自己的看法，他们在思考"想成为什么样的领导人"这一问题时，你要将这些看法告知他们。

●你要表明，你自己也在不断练习，而非只期望别人做到这一点。最好的情况下，你们可以互相帮助，这样，你们就成了彼此支持团队中的一员。

旧的领导模式等级森严，且大多呈现出单向传达信息的特征。新模式下，每个人都能帮助他人成长。我曾帮助一些组织创建了"领导共同体"，其中的每个人都知道自己正努力成长为领导者，而且每个人都在帮助他人成长。结果是，人们的践行层次得到了显著提高。

与可能取得的最佳结果相比，你及组织的表现如何？

●培养他人成为领导者在组织文化中的重要性如何？

●谁正培养你成为领导者？

●你希望谁培养你？

●为此你能做什么？

●你正培养谁成为领导者？

●你能成长为什么样的人？

●这一切会对现在和未来的践行产生什么影响？

> "领导者的作用是培养更多的领导者而非追随者。"
>
> ——拉尔夫·纳德

全部付诸于实践

简单来讲，如果你想践行，那么你就必须从领导者模式出发来思考问题和采取行动。这样的话，你就需要借助他人践行。你还必须确保首先在领导的未来和激励方面打好基础。而且，要真正做到现在多践行，你还必须重视它，做到言必行，行必果。为了确保未来多践行，要把周围的人培养成领导者而非追随者。这是一种思维模式，需要你有意识地加以练习。

如何将上述思想全部付诸于实践呢？这就要看你在领导者的践行对话中表现如何了。

领导者的践行对话

在未来、激励、践行方面，我鼓励你这样做：

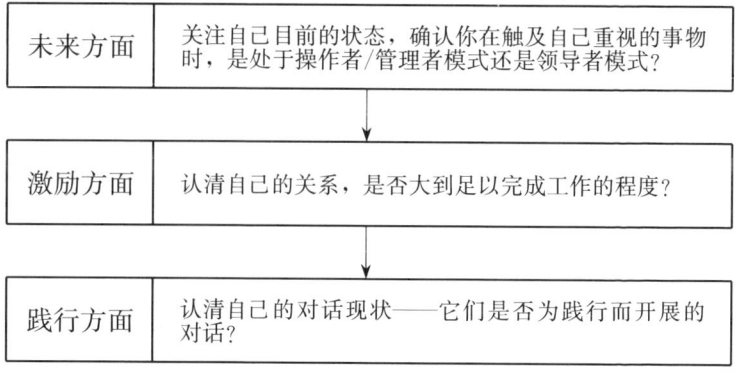

未来方面	关注自己目前的状态，确认你在触及自己重视的事物时，是处于操作者/管理者模式还是领导者模式？
激励方面	认清自己的关系，是否大到足以完成工作的程度？
践行方面	认清自己的对话现状——它们是否为践行而开展的对话？

与之前一样，我想帮助你成为自觉性更强的领导者。

你正是通过与他人的对话促使他人践行的，这是表现你领导者风范的时候。你能否激励他人，能否言必行，行必果？多年来，我曾关注过不同组织的对话，它们的效果令人着迷。我们称最成功的对话为"强力对话（Robust Dialogue）"。它是成人之间直截了当、直击问题实质的对话。在这样的对话中，人们倾听不同的意见，一旦做出决策，他们便投身于决策的执行。但许多组织的对话丝毫容不得质疑之声，真相被埋没，即使做出了决策，人们也只是勉强配合，无法做到全身心的投入。现在审视一下你组织的状况。你的组织是否开展了强力对话？你的表现又如何？

尽管践行看似非常复杂，但在我看来，它实际上只涉及四类对话。只要认真开展了这些对话，我保证你的践行会更加出色。我先列出四种对话及它们的联系，然后逐个进行详细地阐述，这样做可以帮助你明确有待改进之处。下图展示了四种对话时间维度的联系：

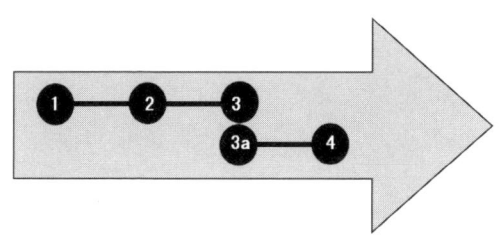

对话 1. 提出大要求：此时你要提出践行要求。理想的情况下，他人会被你想要的未来所激励，从而想践行需完成的任务。

对话 2. 最大化践行的可能性：这是持续性对话，一直到获得结果为止。其目的是最大化践行的可能性。

对话 3. 认可践行：当你想要的践行按时按质完成时，你就要开展这一对话。这是你为未来多践行积聚力量的大好时机。

对话 3a. **处理践行不力**：当你想要的践行未能按时按质完成时，你就要开展这一对话。这需要你具备一定的情绪韧性，但你也获得了另一个为未来多践行积聚力量的大好机会。

对话 4. **总结**：当所有工作全部完成时，你需要开展总结性的对话。

研究了与数千人的对话后，我敢肯定的一点是，你不可能擅长所有的对话，而且，逐个考察它们后，你肯定能找到改进它们的方法。

我如此确信这一点的另一个原因是，在与他人互动时，我们总是想避免一些事情。虽然存在个体差异，但我们都不希望自己在别人眼中显得过于咄咄逼人或苛刻，我们都不想使关系倒退，不想被人拒绝、遭人厌恶。我们都有因限制性信念导致的个人喜好。你可能想知道每次对话中不时妨碍你的因素是什么。

有了这样的想法后，我们接下来详细考察每一种对话。我为每一类对话设计了一张清单，上面列出了可能涉及的主要问题。我建议你通读这些清单，确认哪些方面是你的强项，哪些方面需要你在与他人的践行互动中有意识地加以练习。

在关键的践行对话进行之前或之后，你也可以参考这些清单帮助你进行有意识地练习。你可登录 www. futureengagedeliver. com/book 网址下载这些清单。

在进行下列练习之前，先想想你在这些对话中表现最佳时的样子。回想过去某个时刻，你特别重视某件事情，而且你想让他人为你践行，也就是说，你确实重视践行及其结果。想想你当时给对话带入的能量，想想你的对话有多强力。将这些铭记于心，反思你在这些对话中的表现。

对话 1
提出大要求

●你是否清楚自己想要什么？时间期限和质量标准呢？若答案是否定的，你是否打算邀请他人助你一臂之力，以弄清楚这些问题？

●对话结束之际，你弄清了上述问题，但你怎样才能知道其他人是否清楚？（过去我常常对自己想要什么了然于胸，却从不考虑检验别人的状况。）

●你正寻求激励他们还是只是与他们沟通？或者有时你只是要求他们"雕刻更多的石头"？

●同样地，你认为你和他人进行的是单向对话还是双向对话和共同创造？后者有助于提高他人的参与度和主人翁感。

●如果你正致力于激励他人，你的关系是否大到足以完成工作还是你需要在对话中进一步增强关系?

●你是否只关注令你兴奋的可能性?还是为他人激发更多的可能性,这样他们会感觉"教堂"也是他们的?

●在目前的工作模式/文化下,你提出的要求能否得到践行?或者你就思维方式和行为提出了新要求?在领导者模式下,有时你希望并且需要提出这些新要求。

●践行需涉及哪些人性因素?你能为他人提供吗?你能否给人们带来信心、紧迫感、激情、热情以及与他们一起奋斗的信念?

●最后,你是否正在设计对话 2,即如何与他人一起工作以确保所有人都有卓越的表现?

当然,你每次提出要求时并不需要包含上述每一个要素,比如,当你提出"能否递给我一份日程表"的要求时,你并不需要激情澎湃,关键是要保持头脑清醒,根据不同的场合提供所需要素。

对话 2
最大化践行的可能性

●与上文呼应,你们是否提前讨论过应如何合作才能确保践行顺利?

●你们是否就如何互通有关最新进展的信息达成一致?以何种形式?多长时间互通一次?

●你们是否就想了解的事项、遭受挫折或错过了重大事件后，多久互通信息达成一致？

●你是否留有安全空间，这样人们感觉告诉你挫折和坏消息是安全的？

●你是否准备好提供相应的资源、支持和培训以帮助其他人全力践行？

●同时，你是否也带来了承诺和决心，其他人能看到并做出回应？

●总之，你是否帮助他人管控能量，以促使他们迈向成功的践行？

我一直记得，一位能干的领导者曾发出的感叹："我刚刚才认识到自己没有进行这样的对话。"有时候，这对一些人而言没什么大不了，然而，作为一位头脑时刻清醒的领导者，你需要具体问题具体分析，根据不同的场合做出适当的选择。

对话 3

认可践行

对话 3 对人们的成长和未来践行的促进作用之大，我怎么强调都不为过。随着时间的推移，一系列的此类对话能极大地增强人们的信心、自我信念，并因此提高践行能力。我之所以如此重视这一点是因为，我曾亲眼目睹过对话导致人们信心增强后产生的威力，但我很少能碰到天生就精于此类对话的领导者。

稍停片刻，回想过去某个时刻，你因某人认可你的工作成绩或工作方法而感到心花怒放的经历。推己及人，请尽量给身边的人施加同样的影响，让他们产生同样美好的感觉，因此……

●你乐于认可他人取得的成绩吗？或者你倾向于这样的观点："不，我不认为他们干得有多好，他们只是做了分内之事而已。"

●可能更重要的是，你是否乐于承认他人对取得的进展做出的贡献？"确实干得不错，谢谢!"，从你口中说出的一句认可会让他人产生受重视的感觉。然而，要认可一个人而不只是他完成的工作，如"我想让你知道，我确实很欣赏你应对此次挑战的过程中表现出来的创造性，你的方法让每个人都能集中精力，你的顽强使工作得以按时完成。太谢谢你了。"这样的认可会增强人们的信心。无论你做什么，都不要在反馈时假装真诚。要么真心实意，要么闭口不言。

●对你正在培养的领导者，你是否会询问他们的自我看法以及想成为什么样的领导者？

●你是否能停下来反思成功的经验，而非急匆匆地应对下一个挑战？

●你是否也能停下来思考，哪些事情是过去看似不可能而现在变得可能的？

●总之，你能否让他人自我感觉良好、希望进一步成长并乐于承担更多？

对话 3a

处理践行不力

此时，合格的践行未能如期实现。许多人都想回避或至少低调处理这类对话，但是，如果要触及你重视的事物而且你确实想践行，那么你就不能逃避这类对话。

与他人对话时，内心希望他们成功和成长也是有益的。如果你想让某些人成长，但他们在某些方面表现糟糕，你会保持沉默吗？如果你重视他们及他们的进步，你就不会沉默不语。如果你致力于帮助他们成长为领导者，你肯定也不会沉默。因此……

●你会尽早进行此类对话还是会拖延？最糟糕的情况下，对于为你工作的人，你会一直保持沉默直到年度考核时才进行对话吗？

●在倾听他人观点的同时，你是否能直抒己见？

●你能否从不力的践行中尽量汲取经验和教训？

●你是否说清了反复践行不力的后果？一些组织的经验表明，如果领导者能将其讲清楚，组织会获益良多。

●你是否同意新的践行时间表？

●你是否表达了完成工作的保证和决心？在帮助他人学习和成长的过程中，你是否表现出了真诚和开放的态度？

●总之，你进行的这类对话是否增强了他人的能量——无论是此刻还是稍后——而非削弱他们的能量和信心？

对话 4

总结

这是践行的最后阶段。从许多方面来看，这一对话与对话 3 类似，都是认可工作成绩。但它还有一点非常重要：身为领导者，你可以通过这一对话帮助同事认识到对他们而言至关重要的事项。我们都可能出现失误或遭遇不期而至的阻碍，如何应对这些难题是我们领导之旅的一部分。这也是我们深刻反省自我、从中汲取教训的时候。与同事们深入探讨当时的所作所为，必能帮助所有人更快地成长为领导者。

●当同事们第一次没做好工作时，他们如何评价自己？

●他们会下意识地做出什么行为，比如逃避、藏匿、推卸责任？

●他们面临困难时寻求什么帮助？他们是否会向支持团队求助？

●他们要扭转困局需要具备什么素质？

●他们从这些经历中学到了什么？

●他们有何提高？

"为了完成真正的对话，你必须摒弃虚言，抛开政见，离开让人心生恐惧、不能直面真相的环境。要鼓励人们，不仅让他们知道自己的技艺、产品和工作，而且要了解他们自身。"

——大卫·怀特

小　结

反思身为领导者的你在践行方面的表现：

● 你关注了你自己和你领导者的践行对话的哪些方面？

● 你天生在哪些方面具有优势，哪些方面没有？

● 明确践行与你的关切点和你的领导目标之间的联系能否提高你的践行能力？

● 至关重要的是，你的同事们如何看待你在这些对话中的表现？

● 你如何得到有关践行领导力的更多反馈？

● 你会有意识地练习哪类对话中的哪些部分？

●在你的支持团队中，你会请求谁就你的练习进展给予定期的反馈？

FED 实践

贾森·丹尼尔斯（JASON DANIELS）的故事

贾森·丹尼尔斯是安全、健康和环境公司（Safety, Health and Environment）的经理，他来信讲述了自己在培养同事的过程中所取得的突破。

"作为新兴业务的领导者，我常常急切地为正在处理难题的同事们提供帮助。在这样的时刻，我总是忙得团团转，如同转轮上的仓鼠。只有在事后我才发现，可能存在更高效的激励同事践行的方法。

在参加了近期举办的 FED 培训后，我估量了自己的现状，又一次思考了我的领导者阴影可能对其他人产生的不利影响。我意识到，如果我真的想将团队人员培养成领导者，那么我就得改变过去的做法。我决定腾出时间进行有意识地练习，遏制自己想办法并直接给出答案的冲动，鼓励团队的人尽情发挥他们的聪明才智，展现他们的创造力。

续

所以在接下来召开的团队项目会议上，我故意提出了一些引导性的问题，让他们思考和讨论了足够长的时间，以便有目的地挖掘他们自身的能量。

这样做的效果是惊人的。不用我提出解决方案，他们自己就找到了答案。而后，他们选择对项目进行改革，并与行业内的关键利益相关者进行接洽，还开始设想项目最终成果的运用带来的诸多未来收益。

我得到了什么？满满的成就感。看到他们设想项目未来时兴高采烈、精神振奋的样子，看到他们不断涌现出奇思妙想，看到他们设想未来的可能性和最终的目标时，我内心充盈着成就感。现在我正向他们提出更多的问题，并以之前不敢想象的视角看待他们的表现。"

第六章

四种能量

......不仅要运用你的智慧，还要激励人们的情绪和精神。

● 四种能量

● 亚德里安的故事……以及千万个像他一样的人！！

● 四种能量

    ——智力能量   ——情绪能量

    ——精神能量   ——身体能量

● 组织内的能量

● 能量与你

● "未来"与能量

● "激励"与能量

    ——关系：关键能量——情绪能量

    ——可能性、想法：关键能量——精神能量

    ——机遇、优先事项：关键能量——智力能量

    ——行动：关键能量：身体能量

● "践行"与能量

● 最后感言

四种能量

彼得·德鲁克是关于领导力和组织这一主题的大师级作家。他曾写道"领袖首要的也是最重要的任务是……"看到这句话时，我不禁坐直了身子，精神为之一振。

我发现，他接下来阐述的思想特别有助于人们成长为领导者。他写道：

"领袖首要的也是最重要的任务是，管理好自己的能量，并帮助管理好周围人的能量。"

乍一看，这样的观点似乎有点怪异，除了面向未来、激励他人、践行和获得结果外，领导似乎与其他因素无关了。但正如你将在本章看到的，关于未来—激励—践行，德鲁克提供了另一种观点，它能帮助你提高现在的领导效率，也能加速你的成长。

亚德里安的故事……以及千万个像他一样的人!!

你会遇到一两个像亚德里安这样的人。这里的亚德里安是一家有数万员工的大型组织的首席执行官。他凭借过人的智慧和辛勤的工作获得这一高位。但现在，组织处境艰难，面临的形势复杂，践行非常困难。虽然他比以往更加努力，但情形并无多大的改观。

我与亚德里安讨论了能量的思想以及他现有方法的局限性。我帮他弄清了一点：他目前取得的成就主要得益于他对智力能量和身体能量的运用，但是，要改善组织绩效，他需要激发手下员工们的情绪和精神能量。

一开始，亚德里安对我的意见不明就里，然而，他很快就领会了将领导视为持续地管理能量的工作这一理念的意义。因此，下面我将介绍四种神奇的能量，以及它们与 FED 和"激励"一章(第 4 章)中阐述的结果金字塔之间的联系。

"简单来说，领导者的工作就是激发他人的能量。注意我不是说这是领导者的部分工作，而是全部工作。激发他人的能量是领导者在任何时刻都应承担的责任。每次互动中，领导者给身边的人带来的不是正能量就是负能量。"

——诺尔·迪奇

四种能量

考察人的一种方式是观察其四种能量。这四种能量会持续地相互影响，相互促进。我们自己能开发这四种能量，其他人也会影响它们，而且，通过练习，你能学会注意和管理自身及他人的这些能量，因而大幅提高影响力和践行力。

在讨论这些能量的过程中，要想想你的状况：你的哪些能量比较强大？哪些你已有所触及？这四种能量是：

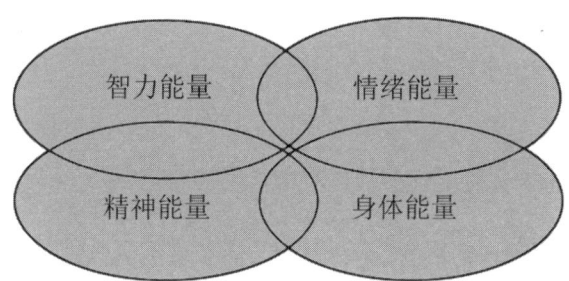

智力能量

指的是你的思维、分析、逻辑和推理能量。在辩论和论证过程中你会运用这种能量。它能驱动好奇心、创造力、计划性和集中性，也是推动批评和发现问题的力量。需要帮助人们激发这种能量，但这种能量过盛会抑制激情和热情。

情绪能量

这是体现人际联系和关系的能量。拥有强大而积极的情绪能量时，人们会产生被倾听、被珍视、被关爱甚至被特殊照顾的感觉。它是一种团结人、让人产生归属感的能量。情绪能量消极时，人们会产生排斥、沮丧、焦虑、不安和愤怒的感觉。这种能量对高效的团队工作、合伙、联盟和合作至关重要。

精神能量

这是体现活力、生机与重视之物之间的联系的能量。它与激情、未来和可能性意识具有密切的关联。

现在请你回想自己精神振奋、容光焕发的样子，想想当时你对未来可能性的感觉如何。

我曾向数千人提出过这个问题，他们的答案大体都是："可能性是无限的，一切皆有可能。"

现在回想你精神萎靡、垂头丧气时的样子，你那时对未来可能性的感觉又如何？大多数人的回答是："一切皆无可能，没有什么希望。"

精神能量是至关重要的领导能量，因为它能给人带来希望，让他们保持乐观，从而更自信地建设未来。

正是这种能量让人们知道自己为什么从事目前的工作，让他们产生目的感、受到鼓舞、心怀抱负。

与之相关的词语如精神、灵感、愿望和气馁均源于拉丁词语"spiro"，意思是"注入生机"。因此，当你带来了精神能量时，你就为自己和他人注入了生机。同样，当精神能量缺失时，人们会心生厌倦、冷漠之感，认为工作毫无意义，只不过是在例行公事而已，就如在"雕刻石头"。

> "我认为，精神是任何组织最关键的要素，这是既定的事实。只要组织具备了适当数量、质量和导向的精神，一切就皆有可能。领导者最重要的一项任务就是关注精神。"

——哈里森·欧文

身体能量

这是关乎行动、实践、实施的能量。该能量也是我们保持活力的关键要素，能帮助我们保持警醒、专注和投入。

缺乏这种能量时，我们的体会更加深刻。我们会感到疲劳、无精打采、精疲力竭、焦虑不安，特别是精神能量较低、我们不清楚所从事的工作有何意义时。通过合理饮食、加强锻炼、适当放松和改善睡眠等方法，我们能够获得更多的身体能量。

综上，我们可以为生活中重视的事物注入如此多的能量，但生活并不总是能帮助我们注意并管理好这些能量，更别说影响周围人的能量了。我想帮你弄清如何才能更清醒地认识这些能量，并由此提高你和他人的工作效率。现在我们先看看你组织内和你自己的能量如何。

组织内的能量

我们先来培养你的能量意识。关于组织的能量，你注意到了哪些方面？

●哪种能量最受重视？

●需要运用和增强哪种能量？

●各种能量的均衡态势如何？

●管理能量的自觉性有多强？

●高层管理人员是否都像亚德里安？或者他们不只运用智力和身体能量？

●哪些人增强了其他人的能量？

●哪些人耗尽了其他人的能量？

●哪些会议和情境能增强能量？

●哪些会议和情境会耗费能量？

●在会议中不只讨论你的想法还讨论你的感受时，讨论到何种程度为宜？

●组织的目标和抱负对提升人们精神能量的作用有多大？

●人们感到受组织重视的情绪能量有多强？

这是你徜徉于其中的能量之海，也许这正是你想要的，也许是身为领导者的你想改变的。

我热衷于帮助领导者从能量视角考察组织及其面临的挑战，因为世界上有很多个像"亚德里安"一样的人，他们对能量的看法过于狭隘。当我要求人们描述其组织内的能量状况时，截至目前我最常听到的答复是：组织内积蓄了大量的智力能量和身体能量。

但是，有时候智力能量太多，决策的制定和行动的执行会受到阻碍。而且，过于依靠身体能量来完成工作，而对情绪和精神能量疏于管理，人们最终会感到疲惫不堪、精力耗尽或者紧张不安。那么，你组织内的整体能量状况如何呢？你怎样才能开启有关能量的新对话？又如何开展呢？

> "领导者是组织能量的管理者，公司、企业甚至家庭概莫能外。对能量的巧妙管理，不论是在个人层面还是组织层面，都可能带来人们的全身心投入。"
>
> ——勒尔和施瓦茨

能量与你

现在轮到你个人了。关于你的能量，你注意到了哪些方面？

● 考虑工作时，你注意到了能量的哪些方面？

● 工作中你的能量是如何起伏的？

● 你天生具备哪种能量？

● 你的哪种能量不够强大？

● 关键是，关于上述两个问题，其他人持何种看法？

● 什么能增强你的能量？

● 什么会耗费你的能量？

● 谁能增强你的能量？

● 谁会耗费你的能量？当你考虑这些人时，你感觉到与他们之间的关系如何？

● 你如何补充能量？

● 补充能量时你的做法有多明智？

● 尤其是，你如何通过饮食、睡眠和生活习惯管理好身体能量？

德鲁克认为，一个人最重要的工作是管理好自己的能量，

其次是帮助他人管理好他们的能量。那么，做什么练习能更好
地管理能量呢？

　　本书到此为止的所有内容都有助于你管理自己和他人的能
量。下面我将更加明确地阐述这一点：借助 FED 方法，领导
可被视为持续的能量管理工作。

"未来"与能量

　　领导的未来方面传达的核心信息是什么呢？答案是"保持
精神能量饱满"。

　　当触及你重视的事物时，你就在未来方面做到了最佳，此
时的你能够看到大局，把握整体，有"力求做出一番成绩"的感
觉，而且你会受到想要的未来作指引。换句话说，你被你的精

神能量所推动并受它引导。

当你的精神能量饱满时，你内心会充满希望，容易看清大势、着眼全局。你能够快速地明确你做某些事情的意义。

从最深的层面来讲，精神能量与你的目的、你赋予生命的意义——你的终极大局存在关联。

精神能量也会对其他能量产生强大的影响。

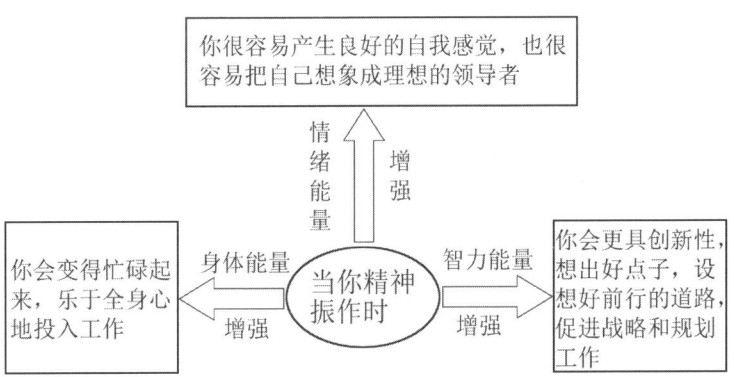

但要小心，如果智力能量占据主导地位，它有可能直接限制了你的领导力。我之前曾指出过三种限制自己领导力的方式，它们是：

●从现在出发考虑问题

●"我不知道如何做"

●限制性信念

当智力能量支配了我们的精神时，这三个方面都有可能阻碍我们。此时，我们会丧失远见，思维陷入当前的细枝末节和艰难困苦之中。我们会因为不知道如何做而止步不前，不相信前行的道路上会有答案。而且我们开始聚焦于限制性信念，这些信念告诉我们，我们无法拥有想要的未来。

要成长为领导者，你就要有意识地进行下列练习：

● 时刻与重视的事物保持关联

● 认清大势，掌控全局

● 以想要的未来为指引

● 利用支持团队帮助你管理好这一至关重要的能量

要保持你的精神能量饱满。

"激励"与能量

正如"未来"更多地关乎德鲁克引言的第一部分，即"管理你自己的能量"，"激励"更多地关乎其引言的第二部分，即"帮助管理你周围人的能量"。这再次揭示了"激励"与"传达"的巨大差异。在"传达"模式下，你最关注的是你本人和你的信息。当你激励他人时，你最关注的是他们如何接受信息以及信息对他们的能量产生的影响。这是许多只会"展示"和"传达"的领导人完成不了的转变。

其他人能给你重视的事物投入多大的能量，很大程度上取决于你的所作所为。如果他们对你引领的目标持抵触或冷漠态度，那么他们几乎不会投入正能量。如果他们持"勉强顺从"或"配合"态度，则他们能投入一点正能量。

问题是，你如何帮助管理他人的能量，以使他们"主动参与"或"全身心投入"并注入四种能量呢？通过考察能量与结果金字塔之间的关系，我们就能获知答案。每个导向结果的因素都对应着一种能量，它们的关系如下图所示：

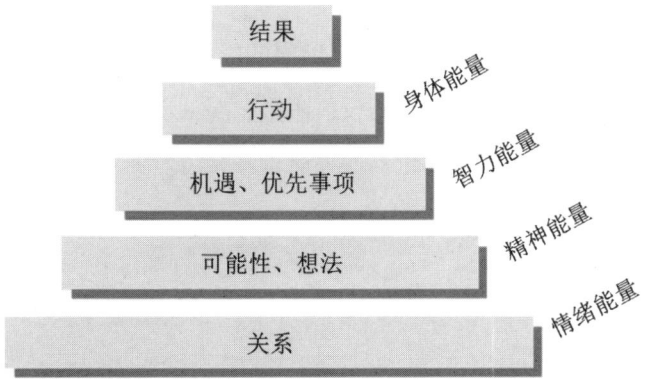

要充分激励其他人，你就要管理好这四种能量。具体的联

系机制如下：

关系：关键能量——情绪能量

我曾说过，大关系中的激励效果显现得最快。换句话说，当存在强烈的正向情绪能量时，激励能最快地发生。周围人的感受会对激励效果产生强大的影响。他们感到被接纳、被倾听、被认可和安全的程度、认为你真诚和真实的程度决定了他们对你及你设定的目标的反应。总之，他们有与你在同一条船上且被你珍视的感觉吗？

关键是，你如何发现这一点？正如我们之前探讨过的，你会带来光辉，但也会投射阴影。你产生的影响有预期影响和实际影响之分。

不要想当然地以为人们感受到的影响与你的预期影响一致，不要认为你不会对他们投射阴影。要从你的支持团队获得反馈意见。与其他人讨论这四种能量，弄清楚你对其他人的情绪能量产生的影响。

"研究结论是，任何领导决策都必须包括这一点：通过实践增强我们的情绪能量和提高洞悉他人情绪的能力。"

——特里·皮尔斯

可能性、想法：关键能量——精神能量

你可能已经想到，这里的关键能量是精神能量了。但是，尽管未来关乎你的精神能量，但在激励中你需要影响他人的精神能量。为了使他人能看到自己的可能性、胸怀抱负且受到启迪，你要如何与他们互动？这正是共同创造发挥威力的地方。邀请他人与你一起共创未来或未来的某个方面，你就是在帮助他们与你重视的事物、与他们的精神能量产生关联。

再次强调，邀请他人告知你他们的真实感受，就你的光辉和阴影给予反馈。请他们告诉你，你对他们的精神能量、乐观意识和信心产生了什么影响。

机遇、优先事项：关键能量——智力能量

我相信激励的核心工作是管理精神和情绪能量，然而，你

必须将这一点讲述得合乎情理。也就是说，你听众的思维必须
能够与你希望他们参与的事项建立关联。最好时，你可以利用
精神能量激励他人的智力能量，这样他们能够提出将未来变成
现实的想法，也能明确他们该关注的优先事项。

行动：关键能量——身体能量

最后，你想让人们运用身体能量采取行动。你可以通过提
要求的方法激励这种能量。但你很容易就漏掉这一步，你可能
激励了人们的情绪、精神和智力能量，却没有要求他们采取行
动。要注意，提要求是激励通往践行的桥梁。

现在你已经拥有了可诊断任何领导情形的强大工具。你可
以通过金字塔和四种能量的视角考察任何具体的情况。例如，
你可以运用它确认关系是否大到了足以完成工作的程度，也就
是确认完成工作需要的情绪能量是否饱满。或者确认是否存在
强烈的可能性意识，也就是确认精神能量是否充足。你还可以
运用这一工具分析其他方面。而且，为了更有力地激励他人投
身于践行，你还可以练习转换这些能量。

"践行"和能量

践行和四种能量之间存在非常直接的关联。要成为高效践行的领导者，你必须照"德鲁克的全部要求"去做。你必须管理好自己和周围人的所有能量，而且每天都必须如此。另外，为了能在未来多践行，你必须帮助他人更明智地管理他们自己及周围人的能量。

如前所见，践行不只需要周密的计划和详细的目标。要高效地践行，你首先要带来领导的未来和激励方面所需的能量，然后你需要不断发现和激发能展现出信念、决心、坚持和专注的能量组合。你必须具有开展强力对话所需的能量，而且，如果你没有展现这些能量，其他人会马上有所察觉，他们的能量就不会被激发出来。

> "一些商务研究课程最糟糕的一面是，它们假设商务人士都是理性的傻瓜，不会感情用事，而且没有责任感。我认识一些这样的人，我们不应当激励他们。"
>
> ——查尔斯·汉迪

最后感言

从一开始，我就鼓励你将有意识地练习当作领导者成长之旅的重要部分。我故意选择了"有意识地"这个词是因为，"保持清醒的意识"是领导力练习的关键。你要对自己的表现、身份有清晰的认知，要对周围发生的事情、周围的其他人及其能量保持清醒的认识。

无论是遇到挫折，还是传来好消息或其他优先事项进展顺利时，能量每时每刻都在发生着变化。作为领导者，你的工作就是对任何时刻的能量状况都保持清醒的认知，这样，你才有机会促使能量向你希望的方向转变，并激发缺失的能量。

这不是什么新观念，两千多年前的老子就曾写道：

治人事天，莫若啬。

（译文：治理民众、推行天道没有比收敛精神、积蓄能量更为重要的了。）

还记得本章开头的亚德里安吗？他正是这么做的。一开始，他没有能量意识，没有认识到自己只关注了智力和身体这两种能量。后来他及时进行了调整，开始关注自己和周围人的全部能量。能量管理适时地变成了他组织领导工作的一部分。

比如，他将会议室的长方形桌子变成了圆形，这一做法改变了人们的精神能量。开会时，他不再使用PPT，而是鼓励与会人员开启真正能激发能量的对话，这改变了他们的情绪能量。他还和我一道帮助其他人了解能量管理的好处，结果是，许多领导者都完成了转变，组织绩效从而大大提高。

> "领导不是制定聪明的决策和做大买卖，而是帮助人们释放天生具有的正能量。"
>
> ——亨利·明茨伯格

小　结

要不断增强对自己和他人的能量意识。任何时候，你都可以问自己下列问题：

●你是否因触及你重视的事物和具有可能性意识而精神能量饱满？

●你如何看待其他人的精神能量？精神萎靡时你如何提升他们的这一能量？

●你是否感觉到与手头的工作和周围的人具有情感上的联系？

●其他人是否有被你接纳和珍视、甚至被你特别照顾的感觉？如果答案是否定的，你如何做才能使他们感到与你和工作具有情感上的关联？

●你是否具有透彻考虑问题的智力能量？

●为了最大限度地利用他人的智力能量，你是否正拓展他们的思维？

●你是否具备了采取行动、完成工作所需的身体能量？

●你是否正帮助他人管理其身体能量，这样他们不会疲劳不堪、紧张不安或者精神不振？

FED实践

菲奥娜·斯塔克（FIONA STARK）的故事

菲奥娜·斯塔克是意昂集团（Eon）公司事务部的主管，也是 FED 和四种能量方法的积极倡导者。某日因工作需要，她邀请了公司的外部法律顾问商讨如何开展不同形式的合作。按以往的通常做法，他们会一开始讨论议程，然后理智地按序进行讨论。但这次菲奥娜想让会议气氛更加活跃，使与会人员能在讨论中释放出合作的情绪能量，并提高其他可能性的精神能量。

"我想在完全不同的关系中激励这些律师，"她解释说，"因此，我没有如预期的那样启动会议，而是要求他们放松情绪，设想一个不同的未来。在这样的未来，他们会为与我们之间的合作感到自豪，并且跟我们一样，他们会热情地对待我们的客户。我邀请他们设想以这样的方式与我们合作：带来创造性的想法，而不只是提交报告。我邀请他们以价值而非时间为标准设想我们之间的关系，因为最终为他们支付账单的是我们的客户。

那确实是具有开创性意义的一天，那次会议也为我们日后的合作奠定了基础。我们都认识到以往的工作方式存在缺陷。他们现在了解了我们面临的挑战，并以更具建设性的方式与我们开展合作。期间迸发出的能量与之前大为不同，而且真正令人兴奋的是，在以我们期望的方式投入我们工作的同时，他们也看到了自己的机会。对这群智力超群的律师而言，这是不错的结果！"

第七章

多数时候，做到最好

……你的终极目标是，多数时候做到最好。

● 多数时候，做到最好

● 概述

多数时候，做到最好

某一组织正欲完成一次合并，组织的首席执行官要我尽一切可能让他的高管们对合并充满信心并做好相关准备。哈里正是高管中的一员。

初见哈里时，我实在无法将他与自信联系起来。他看起来无精打采，激励不了任何人，能否践行也成了问题。

但两个月后，他浑身散发着能量，而且做好了合并前的一切准备工作。运用了我在本章介绍的思想后，他收获极大。事实上，本章的标题就是由他确定的。在他的领导力培训结束之际，他对我说："我已经弄清了你在做什么。你帮我在多数时候做到了最好！"他说的确实没错。

我相信，你学习"领导之术"的核心目标是能在多数时候做到最好，然后帮助别人也做到这一点。

我发现，如果我能帮助你在多数时候和多数场合下做到最好，那么你的诸多领导工作自然会顺利开展。当你处于最佳的自信状态时，你会与想要的未来建立强大的联系，不会被现状所阻碍。你的激励能力会更强，而且人们更希望与你一起工作。你也更可能抓住重点、产生动力，开启与他人的对话，并让他们采取行动。

这些都是你想在多数时候做到最好的绝佳理由，但是，如果你想领导他人，你还要考虑一个问题：你的感染力如何？

你处在最佳状态时，你周围的人也可能如此。你情绪低落、精神萎靡或者恼怒不已时，你很可能使周围的人变得与你一样糟糕。这就是你的光辉和阴影产生的威力。

这正是德鲁克有关能量的引言中所指出的问题，他要求你首先管理好自己的能量，因为它们会对周围的人产生巨大的影响，而你要从他们身上获得能量。

因此，本章的焦点是帮助你做出明智的选择，使你能在多数时候做到最好。与其他各章不同，本章不介绍新内容，而是要深入分析领导力的每一方面的威力。从中可以明确，为了在多数时候做到最好，你要如何明智地管理自己。

"大多数管理类书籍、文章和课程很少提及或不重视这一方面的内容：为了精于某一方面的工作，你应当处于何种状态。典型的管理研讨班更有可能导致大杂烩的结果，而不是改变一个人的生活状态。"

——罗伯特·哈格罗夫

概　述

下面这张图提供了一种审视自我的工具。图中的你正穿行于一系列因素中，包括情感、信念和能量。其中的一些因素是你"魔力"和智慧的源泉，另一些则会阻碍和限制你。

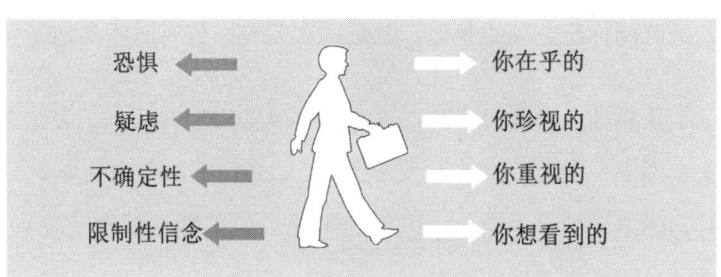

右方的因素带动你前行，促使你做到最好。它们与你在意的、重视的、下定决心投入的、珍视的、想实现的事物相关联。这些因素带给你的是决心、韧性、复原力和耐力。

但同时，你内心的疑虑、恐惧和不确定感会让你远离最佳状态，你的脑海里总回荡着不能胜任这一工作、不配得到好结果的诸多理由。像你一样的人有很多！

任何时候，你的状态和形象都由左右两边的因素决定。右边的因素关乎你在意的、你全身心投入的事物，左边的因素关乎你的疑虑、恐惧和限制性信念。

不利的因素不会自动消失，但你可以显著降低它们的不利影响。

降低不利影响的方法是进行两种有意识地练习。

第一是在任何时候都要注意自己是否处于理想的状态。第二是选择你想达到的状态。就是这么简单，但有时不易做到！

从我的个人经历来看，这些堪称改变人生的练习。为什么这么说呢？因为有时你会受到其他人或形势的负面影响，此时，你能做的是少受负面因素的干扰。如果确实受到了干扰，你要尽快恢复至最佳状态。

以我个人为例。我在 60％的时间里感觉良好，40％的时间里感到焦虑、疑惑和害怕。运用本章中介绍的思想并进行了一些有意识地练习后，我敢说自己在 90％的时间里都能做到最好。

你也可以做出类似的转变。可按如下步骤进行：

1. "做到最好"还是"得过且过"

首先，考虑用哪些词可以描述做到最好的人或人生赢家。下面是其他人的描述，你可以添加自己的。

有关系的

深思熟虑 日理万机 不知疲倦

专心致志

沉着冷静

要求严格

积极进取

坚定不移 无法阻挡

鼓舞人心

令人喜悦

现在，想象你生活惬意时突然接到可怕的电话或听到坏消息时的样子。你的胃里开始翻江倒海，你感到口干舌燥、头上直冒冷汗。此刻的你已经被不利的因素触动了，陷入了"得过且过"模式。此时，你关注的焦点不再是争取辉煌的胜利，而是尽力避免损失。

"得过且过"给人完全不同的感觉，描绘这种状态的词语也截然不同。下面列出了他人的描述，你可添加自己的。

遭受挫败　　　　孤立无援　　　　孤独无助
愚蠢鲁莽　　　　暴露无遗　　　　焦虑不已
　　　　　　　戒备心强
受害者　　　　气愤难平
　　　　　　　　　　　　　　好辩论
自由散漫
退避三舍　　　　　　　怒气冲天

这就是我们所有人的样子。我们每个人都有两种不同的模式。有时候我们会与自己关切的事物建立关联，这时我们感觉良好。有时候我们在触动之下陷入恐惧和疑虑。我们要如何选择才能做理想的自己呢？首先要增强自我意识，认清自己的现状。

多年前练习增强自我意识时，我很快就发现，"做到最好"和"得过且过"两种模式的风格完全不同，而且都有高能量和低能量版本的表现形式。

例如，我注意到，在家时儿子阿历克斯的触动会导致我进入高能量版本的"得过且过"模式。此时的我会勃然大怒，甚至变得具有攻击性。这当然不是我想要的与儿子相处的模式。相反，妻子莎朗的触动常常会使我进入低能量版本的"得过且过"

模式，此时我会选择退让，比如走出去透透气。

与许多人探讨这一问题后我发现，所有人都可能陷入这两种模式。原因在于，有时候我们都希望自己是正确的，想要有安全感，因此，高能量版的"得过且过"模式实际上是我们出于防卫需要做出的攻击。我们会做自认为正确的一切事情，有时甚至会让他人犯错以从中获得短暂的快感。我并不想身处这种模式，但我发现，有时在触动之下我会想掌控一切，而且如果这意味着陷入细琐的争论的话，我也会这么做。

当然，身处这种模式时，我会投射下巨大的阴影。事实上，我支持团队中的人曾明确地告诉我，这些时候，他们感到遭受了攻击、被利用、无能为力、犯了错误且不能胜任工作。

相比之下，在低能量模式中，我主要是感到害怕。我想避免互动和抛头露面。有时候，我感到被人喜欢是安全的，为达此目的，我会过分地表现出好的一面，比如谦让、和蔼可亲等。

此时他人对我的实际感受和我预期的他们的感受是不同的。人们告诉我，他们想知道"史蒂夫去哪儿了，为什么他这么安静？发生了什么?"他们困惑不解，与我断了联系，而且有时候会感到茫然或孤独。

因此，一旦对高能量和低能量版的"得过且过"模式有了清醒的认识，我就开始问自己："'做到最好'的相应版本又是什么表现呢?"答案是，高能量版的"做到最好"模式是"促使发生"的模式。此时的我活力无限，开足了马力，想干出一番成绩，勇往直前。我愿意放声大笑，周围的人也倍受鼓舞、精神饱满、干劲十足，时刻准备撸起袖子大干一场。

而处于低能量版的"做到最好"模式时，我的能量是平稳的。此时，我内心平和，深思熟虑，更容易静下心来看清大势。压力之下我行事优雅，面对挫折我沉着冷静。周围的人有被接纳、被倾听，甚至有被我特别照顾的感觉。他们重新与自己关切的事物建立了联系，受到了鼓舞，并为下一步的行动做好了准备。此时，我的情绪能量和精神能量都很强大。

现在这一点很重要，很重要，确实很重要，重要的话说三遍。世界瞬息万变，而且呈加速之势。生活就是由无数的会议、电话、电子邮件汇成的河流。我发现，越来越多的领导者都难以享受片刻的安宁和平稳的能量了。

作为领导者，你必须挤出时间退后一步，看清大局，顺应潮流，这对开发你未来的领导力量至关重要。

这就是我建议你必须刻意抽出时间安安静静写日志的原因。我承认，你这么做可能不会得到任何鼓励。实际上，你的组织、老板和同事都会给你带来压力，让你忙得不可开交，或者处于高能量的"促使发生"模式。但是，我共事过的一些最出色的领导者知道如何适时地停下脚步，审时度势，研判大局。

现在请以下列问题审视你自己：

●你能否安排时间不受干扰地进行深入的思考？

●如果不能，原因是什么？

●要安排这样的时间，你需要做什么？

综合上述内容可得下图：

得过且过 （避免损失）		做到最好 （争取胜利）
怒气冲天 攻击性强 使他人犯错 控制欲强 沉迷琐事	高能量	促使发生 积极主支动 动力十足 日理万机 充满信心
退避三舍 沉默寡言 遇事求稳 拖拖拉拉 孤立无援	低能量	能量平稳 心态平和 深思熟虑 看清大局 行事优雅

花时间思考每个方框的内容，然后对照着审视自己的状况。当写下描绘你"做到最好"的文字时，你的感觉会非常棒。实事求是地写下描述你处于"得过且过"模式时的词语。（可使

用下面的图表，也可登陆网址 www. futureengagedeliver.com/book 自行打印表格。你也可以从该网址找到有关下一个问题的资料。)

> "任何一代人最伟大的发现都是，改变思维方式就能改变生活。"
>
> ——阿尔贝特·施韦泽

得过且过（避免损失）	做到最好（争取胜利）

2. 你的预期影响与实际影响

现在你已经根据方框中的要求描述了自己的状况，我希望你能进一步明确自己对周围人的影响。首先，先描述你希望对其他人产生的影响，即你的预期影响。

_____

_____

_____

_____

_____

_____

现在按方框里的要求写下你设想的周围人的感受，尽量描述你产生的实际影响。实事求是地考虑你在工作内外给他人带来的光辉和阴影。

你的实际影响	
得过且过（避免损失）	做到最好（争取胜利）

完成上述工作后，回答下列问题：

● 你在哪个方框花的时间最长？

● 生活和工作中的答案有差别吗？

● 什么情况下你更有可能"做到最好"？什么情况下更有可能"得过且过"？

● 你允许自己在右下端的"平稳"方框中停留多长时间？

● 你如何看待自己作为领导人在每个方框中的表现？

● 你有多清楚自己产生的广泛实际影响？

● 哪些方面你最受想要的未来的指引？

● 哪些方面你的激励能力最强？

● 哪些方面你最希望他人现在多践行？

● 你最希望在哪些方面发展他们以便未来多践行？

提出上述这些问题是为了帮助你培养自我意识，这是你选择成为什么样的人的第一步。让支持团队描述你的影响能够深化你的自我认识。回答接下来的问题也可进一步加深你的认识。

> "领导者具有非凡的力量，能将自己的阴影或光辉投射到别人身上……领导者必须对自身内部发生的一切承担特别的责任，以免领导行为弊大于利。"
>
> ——帕克·J·帕尔默

3. 你的触发因素

在某些因素的触动下，我们每个人都可能无法做到最好，如我之前谈到的阿历克斯和莎朗的例子。一些事情的发生会立刻触发我们，使我们偏离正常状态，然后，恐惧和疑虑会控制我们。我鼓励你留意自己的触发因素是什么？从现在开始每天都要寻找它们。这样经过练习，你就会了解它们的来龙去脉，并逐渐摆脱其不利影响。

我之前提到过，各类因素都有可能触发你，比如某类人、某人的音调或他们对你的看法、某些回忆和互动等，人们做事不合你的心意也可能触发你，当然还有诸多其他因素。

关键是要注意这些因素。你可能想弄清楚它们的来源，但与发现它们并避免受其影响相比，来源并不那么重要。现在请列出你的触发因素，以后你也可随时添加发现的其他因素。

_____

_____

_____

_____

_____

再次提请你注意这些问题：你目前的状况如何？从中你发现了什么规律？

确认了触发你的一些因素后，你可以马上运用这一认识。现在请稍等片刻，设想下你被触发时的情景，尽可能想象得真实一些。然后想象你在这些情景中不受触动、做到最好时的样子。

也许你只能想象出自己被触动时的样子，那么，你可以重新集中精力，想象理想的自己是什么样子。这样做的效果很好。此时的你看起来如何？你的感受呢？你会说什么？你的发言呢？

你现在就可以进行这样的练习，提前想象你可能被触发的情景。想象置身于那样的情景中，你做到了最好，对触发因素的影响保持了警惕，并表现出了最佳状态。这一练习的威力之大会让你感到惊讶！

> "放松心灵的艺术和摆脱焦虑的能力，可能是伟人身上的秘密能量。"
>
> ——J・A・哈德菲尔德

4. 你的代价

为了帮助你更好地选择想成为的人，了解"得过且过"模式的代价也颇有意义。

如果你想尽快成长为领导者，你就要认真对待本部分的内容。没错，你可以通过有意识地练习和增强领导能力成长为领导者，但是，你在"得过且过"模式下进行的一次互动，就可能使之前的大量努力付诸东流。

你可能还无法完全了解这些代价，但我向你保证，代价确实是巨大的。当你处于"得过且过"模式时，你会付出多方面的代价。在我告诉你从其他人那里获得的信息之前，你可以先行思考这个问题。

我们可将所有的代价分为两类：能量代价和关系代价。

这对任何人来说都不是好事，但是，如果你想成为领导者，了解这一点尤其重要。因此，我们再来看看 FED 和四种能量模型，分析"得过且过"模式下你在各个方面可能付出的代价。

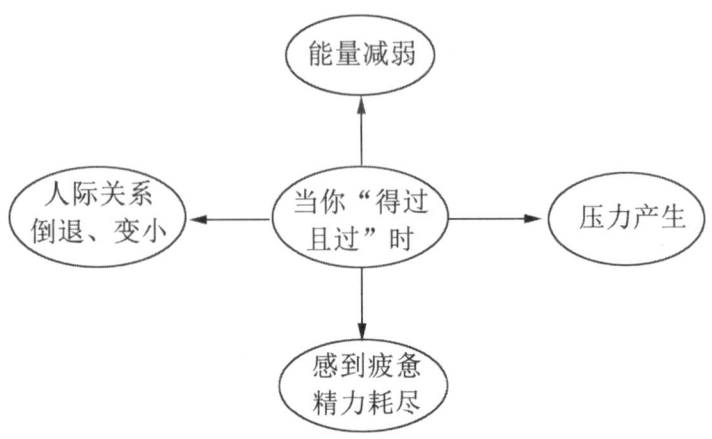

"我们最深层次的恐惧不是我们力量不足，而是我们强大得无法衡量。"

——玛丽安娜·威廉姆森

未　来

当你身处"得过且过"模式时，你关注的不是你想要的辉煌未来，而是"现在我如何生存下去"。你几乎没有激发可能性意识，而是更多地在考虑"我如何才能逃离苦海？"你没有"力求做出一番成绩"的意识。你会深陷操作者模式，沉迷于鸡毛蒜皮的小事而无法自拔。

激 励

当你处于最佳的激励状态时，你与他人建立了联系，并与他们一起工作。当你处于"得过且过"模式时，你关注的是你自己。你和他人之间的关系变得不再密切，最糟糕时，人们会疏远你、躲避你。他们会觉得你攻击、贬低了他们，他们在你眼里一文不值，这都不是大关系具有的特征。

践 行

做到最好时，你给践行带来了焦点、能量和高标准。而"得过且过"时，你不会带来任何焦点和能量。你可能退避三舍，沉默不语。其他人会认为你确实不想履行你自己提出的要求，而且当他们有其他事情可做时，就不会再坚持你的优先事项。

另一种情况下，尽管你能量充沛，但你的能量都被耗费于指责和攻击他人了，你使他们犯错，削弱他们的能量和自信。要清楚，这绝不是强力对话的表现。在你的高能量版"得过且过"模式中，你可以迫使他人暂时践行，但若长期这样对待他们，他们不会竭尽全力。

> "你没有意识到的部分会为你做出选择。只有对自己的不同方面有了清醒的认识，你才能有意识地选定自己真正想要的东西。"
>
> ——加里·朱卡夫

四种能量

你大概能想象出"得过且过"对能量的影响。当你处于这种模式时，自己和他人都可能感到沮丧气馁。因为人们都持不在乎的态度，情绪能量较低，或者情绪能量很高，但主要是负面的抱怨情绪。此时可能存在智力和身体能量，但它们主要被用来走出泥潭，与迈向光明未来的精神能量没有关联。

我希望你能清楚这一点：你因"得过且过"模式付出的代价是极其高昂的。

直白地说，身处这样的模式与你在乎的事物和引领的目标是背道而驰的。

要成为心目中那种做到最好的领导者，你可能需要积累多年的经验。但是，片刻的"得过且过"模式就会让你的大量努力付诸东流。而且，甚至在最佳状态时，你也可能付出代价。

海伦是一位非常能干的领导人，她希望使手下的人能量充沛、充满希望，这是她预期的影响。她在大部分工作时间里都处于高能量版的"做到最好"模式，但在其他人眼里，她能量太高了。他们感觉她高不可攀，好像是另一个世界的人，不能倾听他们的呼声，也没有带领他们一道前进。因此，当你自我感觉良好且能量充足时，要不时停下脚步，确认一下周围人的状况。

这就引出了最后需注意的一点：不要试图只靠自己一人解决这些代价问题，要发挥支持团队的力量。当你处于"得过且过"模式时，他们比你更清楚你所付出的代价。

> "只有抛弃了那些使人心生恐惧的负面想法，我们才能获得真知。明智的人知道，唯一的敌人正是自己。这个敌人难以忽视且非常狡猾，常使人陷入疑惑和恐惧。"
>
> ——本·赫克特

5. 你如何获益

有意思的是，"得过且过"会让你付出代价，但也可能使你获益。你如何从中获益？你如何从高能量的攻击性模式中获得好处？如何从逃避三舍、沉默不语中得利？在我说出自己的答案之前，请你花时间思考上述问题，写出自己的答案。

_____

_____

_____

_____

_____

　　正如我之前提到的，"得过且过"模式的好处之一是，你认为自己是正确的，也感到比较安全。在高能量的此种模式中，为保护自己，你会做一切自认为正确的和牵制他人的事情，包括让他人犯错，这样你会感觉更安全。在低能量的此种模式中，你会远离感觉到的来自他人的攻击或威胁，以此来保护自己和获得安全感。

　　然而，这并不是深层次的安全感，而是误以为的短期好处。它只能让你麻痹一时，并不能使你真正地感觉良好。从内心深处来讲，你仍然会感到紧张、焦虑和害怕，仍然抱着警惕之心。你的行为试图帮助你，但它并不能解决你的真实感受问题。

　　因此，你从"得过且过"模式中只能获得短期的好处，但问题是，"误以为的好处是否超过了代价？"没错，使他人犯错能让你感受到自己的实力，或者避免冲突或争论能让你得到片刻的放松，但是，这些好处比关系倒退、能量削弱、领导人的成长之路受阻这些代价更重要吗？

> "世上90%的痛苦源于人们对自己的不了解，不了解自己的能力、弱点和真正的美德。我们大多数人终其一生都是自己的陌生人。"
>
> ——悉尼·哈里斯

6. 返回至"做到最好"

首先要快速地走出"得过且过"模式，并返回至"做到最好"模式。你已经掌握了一些方法，我想再多介绍一些，而且我鼓励你进行更多有意识地练习。

重回巅峰的一种方法是练习看清大局，开拓视野。你可以在休息、散步、锻炼身体或者睡觉的时候进行这一练习。你可以思考人生的大局，从这个角度审视目前的形势。比如你可以思考这一问题：让你焦头烂额的工作或者触发你的因素与你的健康、家庭或朋友一样重要吗？

有些练习你可以单独完成，有些需要你求助于他人才能取得良好的效果。与同事或朋友深入讨论你的问题之后，你可能返回至最佳状态。你或许想发泄一下或找个人倾诉，或者你想通过社交活动放松自己，这些时候你都需要支持团队的帮助。

另一种练习是让想要的未来指引你，这有助于你做到最好。回想之前的那张图片，其中正面的价值观和能量在右，恐惧和疑虑在左。当你处于"得过且过"模式时，你被内心的恐惧和疑虑所主宰。因此，要转变模式，你需要来自另一个方向的力量的牵引。你可以通过回答第 3 章中提出的三大问题完成转变。这三个问题是：

● 你在乎什么？
● 你为何领导？
● 你想成为什么样的领导者？

它们是你确立领导力的基石。如果你对这些问题有坚定的答案，那么，无论你感觉如何，你都能联想起这些动因。这是非常强大的练习，也是我个人非常喜欢的、过去多年曾多次运用的练习。

这自然而然地将我们带至了本章要介绍的最后一个步骤……

"你能做的最好的事情就是做好你自己。"

——《邻家小鬼》

7. 练习多数时候做到最好

最后，还有一种方法能让你在多数时候做到最好。不要坐等逆境到来和一些因素触动你，要未雨绸缪，提前做好准备。想象你状态不佳的所有时刻，用笔记录下来。要详细一点，列出什么场合、与什么人在一起、什么会议等。

然后放飞你的想象力，设想上述每个时刻你做到最好时的样子。描绘出你的感受和能量状况。想象之前俘获了你的触发因素，明确做到最好时你对它们的反应是怎样的。不要等到艰难时刻来临或受到触发因素影响时才采取行动，要提前做好规划。提高你的选择能力才能更明智地选择成为什么样的人。要为成长为心目中期待的人和领导者创造绝佳的机会。

> "明智的领导者从此时此刻发生的事情中体察一切，这比徘徊于各种理论中有效多了。这样的领导者立足当下，体察实情，能取得事半功倍的效果。"
>
> ——约翰·海德尔

小　结

那么，本章要传递什么信息呢？答案是，我们能在大部分时间里做理想的自己。说得更详细一些就是，我们能在更多的时间里成为心目中期待的领导者，与我们想要的未来建立联系，激励他人与我们一起共建未来，并且帮助他们高效、有条不紊地践行。

我鼓励你通过练习增强觉察力和选择力，这是两种基本的领导力量。如果你想成为更具影响力的领导者，你就需要对周围发生的事情具有更强的觉察力，关键是要对每时每刻自己的状态有清醒的认识。这样你就有机会做到最好。

享受这些领导力量的增强带来的好处吧！要通过有意识地

练习、在支持团队地帮助下增强这些力量。

现在，我们来探讨一下如何将前面所学的知识运用于你的组织。

FED 实践

马丁·卡特（MARTIN CARTER）的故事

马丁·卡特是安全、健康和环境公司的董事，他介绍了自己从转变心态开始逐步达到最佳状态的历程。

"他们说，领导者应当讲故事。我希望你们少讲些故事。我这里指的不是那些能启迪心灵、有助于激励他人做出一番成绩的领导故事，而是讲给自己听的可能腐蚀人心灵的故事，它们关乎我们的局限性、缺点和弱点。

前不久与两位我非常尊敬和崇拜的同事见了面。令我惊讶的是，我突然发现我在他们面前承认，我不相信自己能一直侥幸成功——我的意思是，我认为担任更高的职务需要比我更勤奋、更有才华、更专业的人才。我最后对他们说：'我只想安稳度过每一天，不让周围的人发现差错。'我的诚实令他们震惊，但他们坦率的回应更令我震惊。他们都看着我说：'什么，你也这样吗？我还以为只有我这样。'

续

表面来看，这次交流很轻松，但那一刻，我们都意识到，我们揭露了自己深藏于内心的恐怖真相。

我当时还不知道 FED 的专业术语，但我认识到，从我们讲述的事实来看，我们都是在避免损失——不被人发现差错。这些天，我一直努力避免听到这样的故事，而是集中精力争取胜利。我相信，不管内心发出了什么样的声音，能做到最好就无憾了……否则会怎样呢？如果我处于最佳状态时都无法获得最好的结果，那么我状态不佳时结果肯定就更糟糕了！"

第八章

未来—激励—践行和**团队**

……简言之，你们必须"一起做出一番成绩"。

● 未来—激励—践行和团队

● 找到最初的火花

● "未来"与团队

——"差距"的重要性

——更多的差距

● "激励"与团队

——激励缺失时

● "践行"与团队

——通过他人践行

——现在多践行

——未来多践行

——全部付诸于实践：领导者的践行对话

未来—激励—践行和团队

本章中，我想集中探讨你如何在我们称之为"团队"的特殊领域中展现领导风采。团队是助你更快地建设理想未来的绝佳工具，但共事过的大多数人都告诉我，他们在非常无效的团队会议上花费了太多时间，耗费了太多精力。我发现，这些能干的人显然不知道该侧重什么，不知道做什么能使团队和会议更富有活力和效果。

至简版的未来—激励—践行和团队模式，对于大多数团队来说，他们：

● 很少考虑未来和践行，

● 许多情绪和精神能量未得到开发和利用，

● 太多成员处于操作者/管理者模式，因而在准备不充分的情况下试图完成大量践行工作。

所以，本章的目的是帮助你确认，团队中哪些因素正发挥作用，哪些因素缺失。然后我会帮你明确，为了帮助团队充分发挥其潜能，你可以进行哪些练习。至关重要的是，我想帮助你带动团队高效运转，不管你是正式的领导者还是普通的团队成员。再次申明，我希望所有人都摒弃这一旧观念：团队中只有一个领导者，而追随者众多。我鼓励你树立这样的意识：任何时候，不管职位或头衔如何，我们都能成为领导者。

本章对团队的探讨提供了你提高"游戏"能力所需的一切，因为你需要的还是一些思想、大量的练习及领导力的锻炼。从中你会发现：

● 如何在团队中运用未来—激励—践行方法。

● 怎样利用四种能量审视团队中发生的一切并对其产生重大的影响。

● 你和团队成员多数时候做到最好会带来什么好处。

找到最初的火花

是的，我又置身于这样的场景了：我与一群能干、经验丰富的人士正坐在房间里，气氛单调而沉闷。这些人已在会前阅读了相关资料，制定了明确的议程。他们相处融洽，却没有激起任何火花。他们都处于操作者/管理者模式，而且没有一个人喜欢开会。我告诉了他们我的判断后，他们均表示赞同。由此可知，他们都知道出了问题，却没做任何改变。

两个小时后，情况截然不同了。一开始，我邀请团队的正式领导人索菲亚谈了谈她作为领导者的追求，这使她走出了操作者/管理者模式。她发自肺腑地谈了这个问题，之前完全缺失的情绪和精神能量被激发了出来。其他人的热情也被带动起来了，他们纷纷就自己追求的目标进行发言，他们的可能性意识和激情也随之增强。

在很短的时间之内，我帮这支团队具备了一种最重要的要素，成员们也越来越感觉到了这种神奇的团队要素。这一要素就是：

"我们要一起做出一番成绩。"

也就是说，团队成员具有很强烈的团队意识，共同致力于未来的建设，且互相鼓舞。遇到团队时，我总是首先寻找这一要素。我知道，当团队具备这一要素时，任何问题都会迎刃而解。缺失这一要素时，小问题都可能阻止和延缓团队前进的步伐。用一句老话说就是"没有共同的愿景，全是鸡毛蒜皮的小事"。

如果说你只能从本章学到一种理念的话，那就是它了。如果你想方设法帮助团队提高这种意识，效果肯定会令你大吃一惊。如果团队内缺乏这样的精神，工作恐将难以开展。

现在通过下列问题审视你自己：

● 当你身处能"一起做出一番成绩"的团队时，你感觉如何？团队绩效如何？

● 团队具备这一关键要素有什么好处？

● 你身处的哪些团队不具备这一特征，它们的绩效如何？

● 为了提高这些团队的绩效，你认为自己该做什么，不该做什么？

● 关键的是，为了提高你目前团队的绩效，你认为自己该做什么，不该做什么？

现在我要帮你明确，如何才能帮助一个群体的人树立和维持"我们一起做出一番成绩"这一鼓舞人心的意识。毫不奇怪的是，这涉及未来、激励和践行三个方面：

未来是要共同做出"一番成绩"；

激励是要黏合在"一起"；

践行是要通过"一起"的努力，做出"一番成绩"。

> "远离那些企图让你丧失雄心的人。市井小民常会这么做，不过真正伟大的人会让你感觉到：你也可以变得伟大。"
>
> ——马克·吐温

"未来"与团队

我一直铭记着那个美好的日子。那天，我正帮一家大型组织的董事会团队探讨未来大计。一开始房间里就弥漫着大量的智力能量，置身于其中令人感到非常不适，对话也是枯燥单调、沉闷乏味的。

我断定我们需要调整方向，因此说道："我们得做些改变。我想让你们出去单独待 20 分钟并写下两个问题的答案。这两个问题是：'你在乎什么？''你们要建设的并引以为傲的组织的未来是什么样的？'即'你想为了什么而领导？'然后再请各位返回会议室，与同事们分享你的答案。"

我将他们引入了对未来的探索中，这恰好契合了之前章节里的思想。当他们返回会议室时，我提出了要求："请每个人分享自己的答案，但是，在听完了所有人的答案后，我请各位再回答一个问题：你听到这个团队说了什么？"

也就是说，我想让他们汇集听到的和想要的关于未来的想法。他们做得非常出色。

发言时，他们的情绪和精神能量都迸发了出来。当发现他们的想法远比预想的一致时，他们都非常吃惊。

他们很快就将具有强烈一致感的看法总结为三个简单的观点，这些观点体现了组织的新方向和目标。这是共创的最佳范例。

正如我之前解释的，领导的未来方面是要触及你想看到的未来。对于团队而言，首要的工作之一是找到团队成员的共性而非差异，这样才能发现未来，即他们想共同建造的那所"教堂"，可将其称为"共同的目标、目的、使命、抱负"，而且当团队的未来包含和鼓励了个人追求时，它就具有最强大的威力。

现在请注意下列问题：

● 团队中共享未来的意识有多强？
● 如果具有这种意识，为确保其延续性你能做什么？

●如果缺乏这种意识，你如何开启对话以帮助团队树立共享未来的意识？

现在回过头来看看之前提到的团队。它有了一个出色的开始，但我知道，仅帮助团队对未来达成一致是不够的，团队还要对"差距"的大小达成一致。下面我来解释原因。

> "要放弃手中的鸟，公司必须先看到树丛中的一群鸟。未来必须变得与现在和过去一样生动和真实。高级管理人员必须帮助组织树立理智而鼓舞人心的未来观。"
>
> ——哈默尔和普拉哈拉德

"差距"的重要性

多年前的一次会议上，我帮一个团队制定了这一目标：成为欧洲区本领域内最优秀的组织。但事后我总感觉到哪里有些不对头，团队成员似乎貌合神离，直到我提出了这个问题"你们想要的未来和现状相比差距有多大"后，我才意识到问题出在哪里。

马上，会议室里就出现了两种截然不同的答案。董事会的老资格成员认为，团队已非常接近欧洲最佳了，而新成员则认为还差得很远。

　　正是在那个时候我意识到，对于真正想"一起做出一番成绩"的群体来说，他们不仅需要共同的未来观，还要对差距的特征持相同的看法。这些特征包括：

　　1. 差距大小

　　2. 对差距的投入

　　3. 紧迫程度

如下图所示：

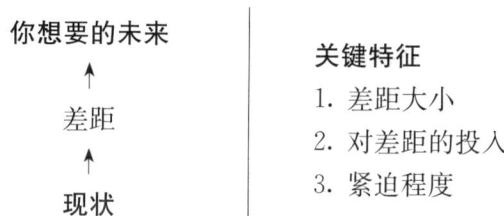

差距的重要性

你想要的未来

↑

差距

↑

现状

关键特征
1. 差距大小
2. 对差距的投入
3. 紧迫程度

　　1. 差距大小

　　现状和你想要的未来之间存在多大的差距，对这一问题的认知会极大地影响团队为缩小差距而选择的方法。

　　如果差距比较小，只需做出渐进性的改变，那么人们会认为，只要在现有基础上稍加努力即可缩小差距，不需要全力以赴。但如果人们认为差距非常大，则解决思路会完全不同。

差距可能激发对现行规范的巨大挑战，可能促进突破性的思维，可能催化新水平的创新和创造。

因此，这里团队不仅要进行一场有关未来的对话，还要进行一场有关现状的对话。这同样需要倾听各自的意见，就现状形成一致的理解，这样团队才能对差距的大小形成统一的认识。

> "严酷的绩效挑战往往会缔造一支团队。对绩效的渴求对于团队的成功格外重要，远胜于特殊的激励或者履历漂亮的领导者。"
>
> ——卡岑巴赫和史密斯

2. 对差距的投入

我看到，许多人以学究式的、甚至超然的态度参与了这些对话，这是不够的，重要的是团队中每个成员的投入程度如何。如果人们持抵制、无动于衷或勉强配合的态度，那么就需要先解决激励问题。当人们主动参与或者全身心投入时，团队前进的步伐会最快。稍后我会更详细地阐述这一点。要利用对话帮助团队成员提高激励层次，这显然会占用大量的时间，但由于之后的进度加快，这一投资会获得多倍的回报。

3. 紧迫程度

最后还要注意一点，尽管所有团队成员都致力于建设未来，但他们未必认为这是紧迫的任务。我可能想去阿拉斯加摄影，但我并不赶时间，几年后去也可以。此时，你仍然需要了解团队成员的想法。

现在稍停片刻，思考你团队在差距方面的特征：

● 你有多确信团队成员认为差距的大小是一样的？
● 你的同事看起来有多投入？你如何确信这一点？
● 与实际的状况相比，你希望同事们多紧迫地对待缩小差距的工作？
● 如果你开启对话，帮助人们确认现状并因此更进一步达成一致，结果会如何？

更多的差距

通过建立差距模型，你可以进一步增强"一起做出一番成绩"的团队意识。

先让团队思考一系列问题，通常可按下列次序进行：

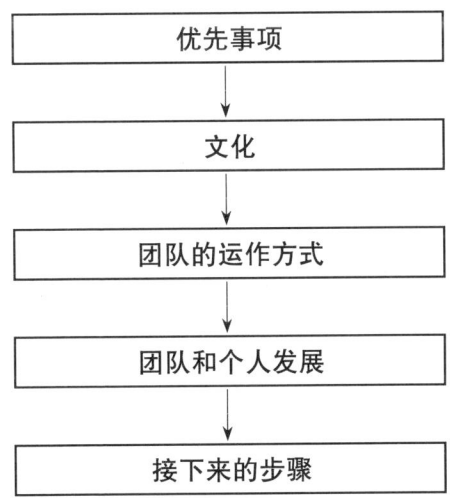

我们依次进行介绍。

1. 优先事项

想要的未来和差距大小既定时，现在必须集中精力做好组织的哪些方面的工作？

答案可能是客户关系、服务质量、患者的等待时间、招聘、学生行为、新的销售渠道、人才管理等。

无论答案是什么，它们都是最重要的旗帜，指引着你开始创造一个完全不同的未来。

有时候旗帜非常鲜明，有时候却需要做细致的战略工作，但不要将其复杂化，要实事求是。

2. 文化

要创造想要的未来，组织需要什么样的文化，它与现有的组织文化存在多大的差异？

是在现有的文化内建设新未来，还是需要建设新文化，团队弄清这一点非常重要。雄心万丈、具有突破性的未来很可能需要全新的文化。提前确认这一点要比制定不合时宜的流程和目标好得多，因为现有的文化会限制流程和目标的实现。

当然，创建新文化是重大的挑战，而且很耗费时间。实事求是地思考需要什么、团队需要秉持什么样的价值观，以及至少要在团队里逐步体现出什么样的价值观。这会导致我们……

> "对领导者而言，关键的一点是，如果他们对身处其中的文化没有清醒的认识，那么，文化就会控制他们。理解文化对所有人都很重要，但对领导者更重要，因为他们要领导他人前行。"
>
> ——埃德·沙因

3. 团队的运作方式

上述问题的答案给定后，思考我们想成为什么样的团队，如何一起工作？

第3章（未来）有一个重要的问题是"你想成为什么样的领导者？"让你的团队回答类似的问题，即"我们想成为什么样的团队"，然后接着问如何才能使团队高效地运转。明确团队成员扮演的角色。

要明确每个人的职责。要对实质性的问题达成一致，比如，多久开一次会？开多长时间？会议主题是什么？不开会时如何工作等。明确为了提高绩效需要做出什么行为。

是的，这听起来非常明显，但我发现，很多团队只关注"做什么"的问题，很少注意"怎么做"的问题。

你的团队表现如何？为了对"想成为什么样的团队"和"如何一起工作"有明确的认识，你们还需要做什么？

> *"得到优秀的团队成员很容易，难的是让他们一起工作。"*
>
> *——卡西·史丹格尔*

4. 团队和个人发展

要胜利实现目标，团队和个人要如何成长？

有时候，团队可凭借目前的能力胜利实现设定的目标，这当然是好事。但更多的时候，团队需要先发展能力，这就需要进行讨论并开展一些说服工作。考虑之前提出的问题"我们想成为什么样的团队"可能会有所裨益。这一问题会引发你思考"我们如何做才能成长为那样的团队"，从而让讨论的主题变得更加明晰。

为加速成长，你可以再提出一些问题，比如"成长为这样的团队，我们各自要如何发展?"也就是说，每个团队成员都要提高自己的领导能力并互相支持，这样才能加速团队的成长。

> "团队面临的最大危险不是不想成功，而是停止进步。"
>
> ——马克·桑布恩

5. 接下来的步骤

为了进一步增强发展势头，我们接下来需要做什么？

也就是说，运用你的身体能量，明确接下来要做的工作及其限期。

暂停片刻，思考一下关于团队的下列问题：

● 对哪些问题你能给出明确而鼓舞人心的答案？

● 你认为自己做到最好时的形象如何？它能否促进对所有问题的回答？你的感受、发言和激励状况如何？

到此为止你已帮团队奠定了良好的基础：团队已具备了充沛的精神能量、强烈的未来意识，已经描绘出了一幅团队想"一起做出一番成绩"的图景，对接下来如何做也打定了主意。不幸的是，许多团队成员虽在一起辛苦工作，却没有未来意识。他们埋首于践行中，好像永远在漫无目的地"雕刻石头"。

我之前曾提到，要让团队成员得到充分的激励从而积极开展有关未来的对话，但事实并不总能如愿，此时，你可以采用三种特别的方法极大地激励你的团队。

"卓越团队给人的一大快乐就是，它们从来没有官僚做派。团队成员不会受到繁文缛节和专横独断的干扰。"

——沃伦·本尼斯

"激励"和团队

让你确保团队"一起"做出一番成绩的正是领导的激励环节。

然而，我认为，团队最薄弱、最松懈的也是这一环节。

看看第 4 章中能量与结果金字塔的关系图，你马上就能明白我的意思，开展团队工作时，我总是会运用这一分析框架。该图如下所示：

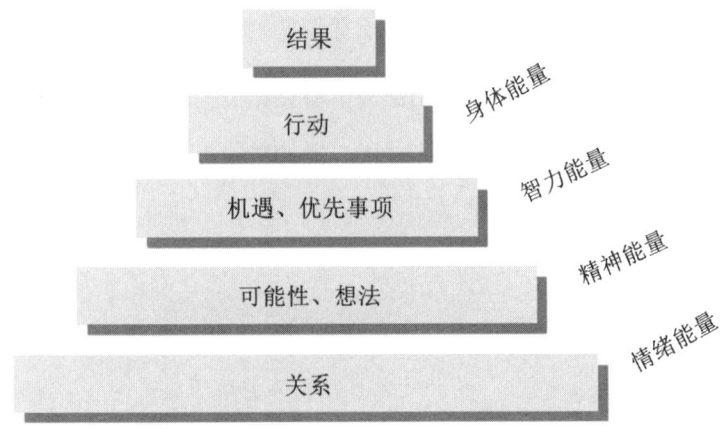

不幸的是，这并非团队的实际运作状态。事实上，团队常常不能发挥其全部潜能，其实际的运作状态如下所示：

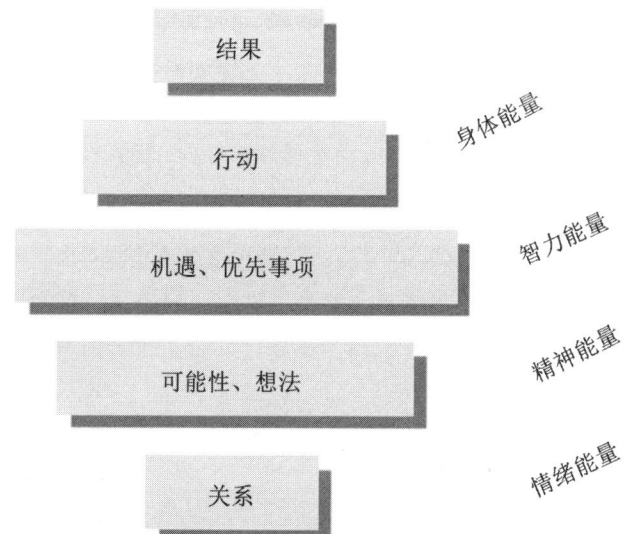

也就是说，许多团队在优先事项的计划和行动的确认上投入了大量的时间和能量，却没有重视关系和未来的可能性这些更基础的方面。换句话说，他们的智力和身体能量是饱满的，但却没有释放和利用威力更强大的情绪和精神能量。

结果是，这些团队可能投入了全部时间，但由于团队成员未得到高效的激励，未被未来所吸引，团队工作受到了阻碍。也就是说，未来和激励方面的工作不充分，导致了无效的践行。

你如何看待自己的团队？

●为确保团队的每个成员都能全身心投入而非持勉强接

受、无动于衷或抵制的态度，团队做了哪些工作？

●团队如何欢迎新成员并与其建立关系？还是假定新成员自加入第一天开始就会全身心投入团队事务？

●团队内情绪和精神方面的正能量有多强大？它们在多大程度上能得到有意识的管理？

●在助你表现出最佳状态和成长方面，团队做得如何？

●团队能否鼓励你处于领导者模式？你是正式的领导人时答案是肯定的，但如果你不是正式的领导人呢？

●简而言之，你和其他人是否有被珍视、被接纳的感觉，你们是否感受到了乐趣？

激励缺失时

过去多年里，我发现了团队缺乏激励的三种表现。要注意它们对你团队的影响并找到应对之策。

1. 团队成员在团队中所受的激励不足

这一点在加里（Gary）身上体现得尤为明显。他是一个全球性团队的供应链成员，未能在团队中得到充分的激励。我问他工作如何，他说非常困难。这已经是他加入的第 5 个团队了，但他不能全身心地投入任何一个团队。他曾经加入过本地、本国、区域性和功能性的团队，他感到这次的全球性团队离他更遥远了。

当我们深入交谈时，他无法融入团队的深层次原因显现出来了。与他加入过的所有其他团队相比，他感到自己在这个团队里不受重视，也就是说，他没有与团队建立大关系。到目前为止，我已经多次指出过人际关系的重要性了。

要提高团队的绩效，建设人与团队之间的关系很重要。

加入过 5 个团队的加里是个极端的例子，但他的问题我们所有人都遇到过。我们想要被珍视的感觉，想得到团队的重视，希望提出的意见有价值、被采纳。在其他团队中，加里能感受到这种情绪能量的威力，他理所当然地以为在这个团队中也能如此。但是，这一团队的成员地理位置四散，运营依赖虚拟方式，建立人与团队之间的关系是相当大的挑战。但我认为，团队必须认真对待这一问题，投入时间建设人与团队之间的关系，让团队成员产生被接纳、被珍视的感觉。

以下列问题审视自己：

● 在什么样的团队中你有被重视的感觉？
● 在什么样的团队中你没有？
● 在现在的团队中你感受如何？
● 你情绪能量的释放和利用情况如何？

●在你看来，团队中的同事认为自己有多受重视？

●你注意到什么利于人们产生被重视的感觉，什么会起反作用？

这些都关乎金字塔底格的内容。加里没有与他的全球性团队建立足够大的关系。好消息是，一旦明确了问题所在，加里就开启了建立关系的对话。现如今，他已成为团队中非常出色的一员了，而且他感觉到自己与团队"在一起"。

2. 团队成员未能彼此激励

团队中相互依赖的工作方式要求成员之间建立大关系。团队中关系的规模既可能严重拖累绩效，也可能大大提高绩效。然而，它们并未引起足够的重视。如果你确实想让团队取得成功，下面这一参照标准可供你借鉴。

在高绩效团队中，成员们不仅致力于团队的成功，也致力于彼此的成功。这是我的经验总结，也被他人的研究所证实。

也就是说，你不仅想让团队取得胜利，你也想让每个同事做到最好并取得成功。这意味着使金字塔最底层的关系方格和次底层的可能性方格变长。

你团队中的关系并不一定都具有这一特征。根据下列问题审视你团队中的关系：

●谁致力于你的成功？过去可能是你的老师、亲人和朋友、刚入职时的老板等，但现在呢？

●当有人致力于你的成功时，你感觉有多美妙？

●你致力于谁的成功？

●你的团队中谁也这样做了，团队之外呢？

●如果你致力于所有团队成员的成功会如何？

●如果这是你团队所有关系的共同特征，你认为结果会怎样？

你可能会运用金字塔模型将互相激励的理念引入你的团队。我发现，这样的关系基础对我非常有用，我和同事在每天的互动中都会运用它。它也是建立和维护我与客户之间关系的基础。

然而，这里需要注意的一点是，你选用的成功标准由谁来界定。我亲爱的妻子莎朗几年前就对我申明："史蒂夫，我很高兴你想让我成功，但成功的标准要由我而不是你来确定!"从此之后我就铭记了这重要的一点。因此，不要只了解你的团队同事，还要了解他们想要的成功是什么，即成功要由他们来界定。

"真正的高绩效团队很少，这主要是因为，将高绩效团队和其他团队之间区分开来的是成员之间相互支持的程度。"

——卡岑巴赫和史密斯

3. 成员得到激励时，往往被视为局部的而非整体的领导者

许多团队的动态变化往往在不知不觉中鼓励成员进入了消极的操作者/管理者模式而非领导者模式。而且，即使人们身处领导者模式，他们也只是局部的领导者，也就是说，他们视自己为分部、部门或职能机构的领导者。最糟糕时，一些部门的领导者开启地盘战，将部门变成自己的粮仓，而且，这些"男爵"们会尽一切力量保护自己的地盘。在这样的团队里，团队协作不会出色。

这就是鼓励团队成员成为整体的主人或领导者如此重要的原因。

当你成为整体的主人时，你关注的是让整个团队而非你的部门取得成功。

这是完全不同的思维。此时，你乐意看到别人成功，更有

可能为了整体的利益做出牺牲，会投入更多的精力与同事合作，而且很可能取得更大的成就。

从局部到整体的思维转变产生的影响是极大的，但我受邀合作的团队却很少谈及这一点，你的团队如何呢？

●在哪些团队你是局部的领导者，在哪些团队你是整体的领导者？特别地，你如何看待自己在目前团队中扮演的角色？

●你认为团队中哪些同事是局部领导者，哪些是整体领导者？

●如果团队中的每个人都堪称整体领导者，你认为结果会如何？

●你要开启什么样的对话能帮助人们完成向整体领导者的转变？

因此，总体来看，在开展团队内部的激励工作时，有三个方面需引起你的注意，你要尽一切可能确保团队成员：

●全身心地投入团队工作

●高度支持彼此

●展现出整体领导人的风格

这样，你会获得一个形态良好的结果金字塔，而且，你也为踏入激励的另一空间，即激励团队外的其他人，做好了准备。

> "主人的思维不同于其他人，因为所有权是一种心境，跟关心的事物有关。其他人更可能追求自己的利益，而主人则会超越职能边界。"
>
> ——里萨克和鲁斯

团队之外的激励

我在第 4 章介绍的内容都适用于你对其他人的激励。不对其他人进行积极、持续和有计划的激励，团队很少能实现其抱负。借鉴该章介绍的思想，并将它们运用于你的团队对话中。与团队成员一起确认下列问题的答案：

- 我们要做出一番成绩，还需要激励哪些人？
- 现在他们每个人处于哪一激励层次？
- 你想让他们处于哪一层次？
- 你委派团队中的哪些人去激励哪些人，如何激励？时间期限呢？
- 我们如何监督取得的进步？

对一些团队而言，激励他人的规划就如同一场战役，需要列出时间期限和具体的名单。更进一步地,为了帮助成员增强自信,成为激励能力强的大使,并对外宣扬团队成员一起追求的目标,团队内部可开展相关的对话。要就传达的信息达成一致,而且信息的传达要明确无误。团队成员要彼此支持,达到最佳的激励状态,取得成功时要进行庆祝。

这听起来可能过于周密了,但积极主动的激励计划和方针对提高和促进团队的绩效产生的巨大作用,怎么强调都不为过。你的团队制订了多么周密的计划?你认为更加周密的计划会产生怎样的结果?

> "那些善于利用组织集体创造性智慧的人会在竞争中立于不败之地。"
>
> ——沃尔特·赖斯顿

"践行"与团队

这一部分本质上是将"践行"一章中所学的内容运用于团队中。我们先结合团队问题回顾之前介绍的主要思想。

通过他人践行

无论你在团队中扮演什么角色，你都要选择自己身处的模式。有时你需要身处操作者/管理者模式，但不能一直停留于此。当你选择处于领导者模式时，你就要做整体的领导。有时候，你可能只想代表具体的部门，但是，你最好后退几步，看清大局。你要设想团队的成功并受其指引，不能只着眼于自己所在的部门。而且，你也要鼓励其他人具有同样的心态。

> "伟大的团队会奋斗不止，直到项目取得成功。只有强烈的好奇心和解决问题的能力是不够的，还必须持续关注任务，直到完成所有工作。"
>
> ——沃伦·本尼斯

现在多践行

1. 践行要出色，必须首先在"未来"和"激励"方面出色

我已在本章多次强调过这一点了。很多时候，团队尚没有打好基础就直接进入践行阶段。我一直记得，一家组织新上任的领导人在第一次董事会会议上大谈特谈组织必须践行的两大

优先事项。一位董事马上质疑到："你是想听我们的意见还是只想让我们服从？"

这位新首脑虚心接受了批评，会后他询问我应如何做才能更好地解决问题。你可能知道我回复的大意，那就是，下次在谈及践行问题之前，先共同探讨未来并激励你的新同事。

2. 践行要出色，必须重视践行及其结果

要让团队一直表现良好，就需要重视能量管理，进行大量的练习。要运用和管理好四种能量，这是团队中不只需要一个领导者的另一原因，每个人都要承担一定的工作量。

我曾与某一组织的多个团队合作过多年，这些团队经常进行辩论。在这里我第一次听到这句话：决策制定之日，争论开始之时。

这对一个"力求一起做出一番成绩"的团队而言绝不是什么好事。这样的团队会制定不同的衡量标准，开展质量层次不齐的对话，因为他们对待决策很认真。哪些标准比较高，哪些问题需要被正式提出，团队都会进行热烈地讨论。人们各抒己见，提出要求，做出承诺。而一旦做出决策，所有人都会全力以赴执行。

是的，低绩效和高绩效团队都有明确的目标、时间表、预

算、会议议程和记录，但高绩效团队还具备其他要素。

他们有能量、有决心，有可能性意识，这些都源自"力求一起做出一番成绩"并能说到做到的团队成员。

●你如何评价团队中的能量？

●什么耗费团队能量，什么提升能量？

●如果你更多地展现出整体领导者的风格，为了提升团队的能量并增强说到做到的意识，你还需要做什么？

说到做到的团队有两个特殊的方面值得注意。第一是团队成员的素质及他们的表现。如果你真的想让团队取得成功，你必须搭配好团队成员的技能和经验组合。团队中容不下袖手旁观者。选择团队成员、与表现不佳的成员进行强力对话时，要设定较高的标准。

第二是前期的胜利和明确的信号。表明自己重视结果的一种方法是，刻意取得一些前期的胜利或者做出一些公开的、非同寻常的决策或行动，这可以使人们端正态度，提高警惕。额外的好处是，早期的胜利能极大地提升团队能量、增强早期信心。

因此可见，运用一些方法能帮助团队现在多践行，但最出色的团队不会止步于此。他们会不断地寻找可改进之处，使团队能在未来多践行。

> "争论某个问题时，忠诚意味着，无论你认为我是否喜欢，你都对我说出最真实的想法，此时的异议能激发我的思考。但是，一旦决策制定完毕，争论也随之结束。此时的忠诚意味着执行决策，就如同决策是你自己做出的一样。"
>
> ——科林·鲍威尔

未来多践行

在美国生活时，我发现美国和英国的体育运动存在一些共同点，这令我印象深刻。比如，比赛暂停时，团队成员会对当前的表现以及之后如何改进进行讨论。这样的"暂停"是最大化成功概率的一种有效方法。但为什么我看到的大多数团队不能主动这么做呢？

看似很奇怪。这的确是一种更明智但不常被运用的方法。当团队真正想共同做出一番成绩时，他就要持续关注哪些方面运转正常，哪些方面不起作用，在此基础上才能迈向成功。

完成了未来方面的工作后，团队也就明确了"想成为什么样的团队"了。这一问题时刻检验着团队的前进方向和进一步成长的途径。再次强调，这里需要开展建设性的强力对话。

也可运用另一种方法提高团队的践行能力，那就是，团队成员互相帮助，提高彼此的能力。团队是你表现最佳的好地方，也是你力所能及帮助他人做到最好的绝佳场所。

运激励/教练员想的是，我如何才能做到最好并鼓励和引导其他人也做到最好？

在最优秀的团队中，成员们开诚布公地谈论"我想成为什么样的领导者"、"如何成长"，而且他们积极寻求他人的反馈意见。我认为这一做决很有意义，但在现实中却不常见。你的经历如何？你曾经加入过这样的团队吗？如果没有，是什么妨碍了团队中这种方法的运用？为了开启这样的对话，你能做些什么？

不幸的是，团队常常会纠缠于"做什么"的问题，而忽视了"如何做"的问题，比如一个团队要如何运行？如何成长？成员如何帮助彼此做到最好？

确保提前充分讨论"如何做"的问题，不要把它排在日程的最后。要留出时间认真思考，如何才能做到现在多践行和未来多践行。

> "我希望人们早上醒来时面带微笑，准备好去完成一天的工作。他们会创造能量，振奋同事的精神。"
>
> ——拉里·博西迪

全部付诸于实践：领导者的践行对话

最后，我要再次强调这一思想：领导的践行力很大程度上由团队对话的性质和质量所决定。

你可以运用领导者的践行对话框架评估团队的状况，上述思想在这一框架中得到了生动地体现。现在想象你在一次团队会议上运用这一框架的情形。会议主题是讨论你们团队的优势和劣势及如何提高绩效。

那么，你们在讨论中可提出如下这些问题：

对话 1：我们对彼此提出大要求的能力有多强？我们能否共同努力使这些要求与追求的目标建立联系？还有，我们对团队外的人提出大要求的能力有多强？

对话 2：为使成功的概率最大化，我们会议之外的协作开展得有多好？我们是否能精诚合作，使对方展现出最好的一面？我们能否交流信息以确保了解团队中每个人的现状，如是否取得了进步、是否遭遇了困难以及如何克服困难？

对话 3：我们是否能及时地认可前进道路上取得的成功？我们认可彼此的心态有多开放？设想新的可能性对我们的成功能起到多大作用？为保持饱满的能量，我们多久举办一次庆功会？

对话 3a：团队绩效不佳时，我们能否直言不讳？我们能否不受外界批评的干扰，集中精力于"我们能学到什么以及如何继续开展工作"？遇到挫折后，我们团队能多快地重新振作？

对话 4：设定新的时间表并按其推进工作时，我们有多坚定？我们能否从绩效不佳的经历中汲取教训并在后续的工作中借鉴？

我常常发现，能一起探讨上述这些问题的团队，其成员往往能充分施展才华，将践行提高到新的水平。

> "卓越的领导者知道什么时候精诚合作，什么时候高瞻远瞩，什么时候倾听他人，什么时候发号施令。这些领导者自然而然地培养人际关系，发现潜在的问题，和谐地发挥群体的合力。"
>
> ——戈尔曼、博亚特兹和麦琪

小　结

未来—激励—践行是一个简单明了的框架，它能帮助你激发团队的最大潜能。当团队做到最好时，成员们会萌生出这样的强烈意识：

"我们一起做出一番成绩"。

而且它包含了未来、激励和践行的每一方面。

未来是要共同创造"一番成绩"；

激励是要黏合在"一起"；

践行是要通过"一起"的努力，做出"一番成绩"。

若团队不能顺利开展工作，则它肯定是在未来、激励或践行的某个方面出现了问题，尤其可能是在前两个方面没有打好基础。另一个可利用的工具是四种能量。注意增强你缺乏的能量。最后你要做到最好，还要帮助其他人做到最好。

祝愿你的团队宏图大展！

FED 实践

阿曼达·麦肯齐的故事

阿曼达·麦肯齐是英国英杰华集团（Aviva）的首席营销官。除日常工作外，她还担任妈妈世界（Mothercare）的非执行董事，也是英国国家青年管弦乐队（National Youth Orchestra）的成员和营销协会（Marketing Society）的成员。

刚加入英杰华时，她面临着严峻的挑战。她当时的主要任务是，为协调公司在全球各地的业务，成立公司第一个全球性营销职能部门，但公司文化却认为此举并无必要。此外还有一个问题亟待处理，那就是将已有的名牌如诺维奇联盟（Norwich Union）纳入英杰华麾下。要完成这些任务，唯一的办法就是利用团队的力量。

续

阿曼达描述了 FED 法帮助其团队达成共识、快速积聚能量的过程。

"首先，FED 方法的精彩之处是，它给我们提供了一幅地图和一种通用语言，帮助我们看清了前进道路上的每个步骤。这立刻使团队的每个成员振奋了精神，对接下来的工作信心倍增。

其次，对领导的激励方面的探索帮助我们快速建立了团队内部的关系，解决了各类人际关系问题，使我们带领员工一起前进。你知道，涉及需要'做什么'的问题很少，大多数问题都与关系和人们受激励的程度有关。

特别了不起的是，FED 帮助我们成功进入了已有的关系网络。我们的对话不只是'去喝杯啤酒'那么简单了，而是为了共同构建未来而有意进行的。

我很高兴地说，所有这一切都帮助我们践行了最初的目标，包括打造了一个比诺维奇联盟更引人瞩目、更受好评的品牌。现在这一品牌已名列英国最有价值的十大品牌之一。我们还获得了无数的奖项和大量的商业收益。这一切都归功于一支'一起做出一番成绩'（史蒂夫的一句名言）的团队。"

第九章

未来—激励—践行和**组织**

能让组织真正走向卓越的方法是，鼓励和培养组织各个层次的领导力，即帮助每个人成为负责某项工作的 CEO。

●未来—激励—践行和组织
●高层团队的领导
●来自非高层的领导
●最后两点想法

人们经常对我说："我现在明白了 FED 法如何对个人和团队产生影响，但我们如何利用它改变整个组织呢?"这里我针对两类读者提出了一些想法。一类读者目前担负着提高组织绩效的职责，一类读者目前虽未担负这一职责，但将提高绩效视为一大追求目标。

因此，不要受头衔、等级和组织图表含义的束缚，如果你想让自己所在的组织取得成功，那么你就要有所作为。本章将介绍一些可供你借鉴的思想。

未来—激励—践行和组织

首先，我要申明一点，我这里所说的"组织"，是指比团队规模大的任何群体，可能是企业、学校或医院的一个部门，也可能是某个业务单位和整个组织。我的目标是让一大群人各自出色地工作，一起提高整个组织的绩效。

想象一下，如果你组织中的每个人都对要建设的未来有明确的认识、能全身心地投入，而且所有人都有"一起做出一番成绩"的意识，此时你的组织会如何? 组织里不会出现各自为营、相互争执、各不相谋的局面。人们不仅对所在的团队雄心勃勃，对整个组织也是如此。人们会注意关系是否大到足以完成工作，如果没有的话，他们会着手建立这样的关系。人们会快速地开展真正的对话，因为组织内处处共享一种领导语言，就像财务、营销或战略领域具有共享语言一样。

帮助一些组织提高到这一层次令我们非常自豪。毫不奇怪的是，尽管我们说关键的因素一直是领导力，但我们所指的并非只是高层的领导力，而是各个层次的领导力。再次提醒大家，不要倒退到旧的领导模式——领导只来自于高层，其他人仅是追随。相反，组织要变得真正卓越，就要鼓励和发展各个层面的领导力，即每个人都是某些工作的 CEO。

那么，在使组织充分发挥潜能、取得最佳绩效的同时，如何使每个人都表现最佳呢？我们已发现了两条路径。一条始于高层的领导力，另一条则与此不同，它始于组织内任何人的能量，然后以星星之火，形成燎原之势。我们依次对其进行讨论。

> "在优胜组织内，人们的能量似乎更充沛，而且他们会刻意激发组织内每个人的正能量。"
>
> ——诺尔·迪奇

高层团队的领导

要想取得最快的进展，首先要有一支精于 FED 实践的高层团队。也就是说，有一支协调一致、想"一起做出一番成绩"的团队。这听起来非常简单，但我们在现实中并不总能找到这样的团队，而且有时我们发现，一些成员抵制团队协作。部分原因在于，高层团队里的成员都是非常能干的人，他们一直想做局部领导者，不想放弃这一地位。

但此时绝不能走捷径。所有组织内似乎都存在大量的"旁观者"，他们密切注视着高层领导的一举一动。他们会始终留意一些信号：他们是一支团队吗？他们传递出了同样的信息吗？他们支持彼此吗？他们相处融洽吗？他们的关系足够大吗？等等。如果你想要打造一个团结一致的组织，你就必须拥有一支团结的高层团队。

"FED 和团队"一章(第 8 章)为高层团队的建设提供了绝佳的指导。高层团队必须遵循这些指导，确保成员就重要的事项达成一致。另外，还有两点需引起特别的注意。第一是组织的高官层应当抓住机遇，不仅要展望理想的未来，还要建设实现这一未来所需的文化。

有清晰的愿景、战略和结构还远远不够，我们发现，组织要想最快地取得进步，清晰地表述文化、期望的行为或工作方法至关重要。

第二点也是更加重要的一点是，高管团队的每一位成员都要被视为这一文化活生生的例子，包括成为激励行家，鼓舞其他人建设未来。要使每个领导者都达到这一水平，需要开展一对一的工作。我要再次强调，此时绝不能走捷径。

对高管团队之外的人进行激励时可遵循两条路径。一些组织因部门内的激励获得的好处最多，也就是说，高层团队的每一名成员都与下属开会商讨，达成一致并发展彼此成为领导者。一些组织需要在各职能部门之间建立更坚实的关系，因此另一路径的激励发生在跨部门的群体间。无论遵循哪条路径，在引入 FED 方法时最好逐步推进而不是一下子全盘运用。这样，组织就有大量的机会进行反复地练习，这是 FED 领导力培训中最重要的部分。

在这一阶段之后，我们推荐组织建立一个高层领导群体，人数通常为 40～70 人，少一些也可。我们有时候称这一群体为领导者共同体(Community of Leaders)，它可能是非常强大的改革力量。这一共同体的每个人都要明白，组织需要他们扮演领导者的角色，而且是整体的而非局部的领导者角色。与我们合作过的一些领导者过早地建立了这样的群体，但效果未达到预期。原因在于，群体规模越大，真正"激励"参与者的难度也就越大。大小规模的群体都有"沟通和告知"的可能，但在小规模的群体中，激励能更快地发生。因此我们说，可以团结大规模的群体，但前提是每个成员已在小规模群体中得到了激励。

建立和激励这种较广泛的领导群体能显著提高变革的速度和深度。现在，在典型的高层团队中，整体领导者有许多，而非只有少数几个。项目和计划的实施需要跨部门的协作才能更快得到推进，而且现在有更多的组织代表从事描绘未来和激励他人的工作。

受到激励的领导者激励他人加入并成长为领导者，这样的滚动模式会在组织内传播。有时候人们会问："我们如何将FED串联起来？"我的回答总是："我们帮助你们串联的是你们的领导力。"

也就是说，重要的总是现实中而非理论上的领导力。经过周密地计划，得到充分激励的领导者能够激发出一种领导力，它最终会贯穿于整个组织。

但是，这种新领导力需要得到积极的支持才不会悄然消

失，因为当前的压力可能会吞噬它。解决这一问题的最佳方法
有三种。

第一，培养内部的领导者维护者，这样当个人和团队有需
要时，他们就可以当场运用 FED。

第二，组织要将期待的领导行为变成系统的一部分，比如
纳入评估流程、360 度评估和员工调查等。这样，领导就成了
有据可依的基本行为。

第三也是最重要的方法是，高层领导者要反思这一问题：
我们这里的领导状况如何？组织内所有人都应积极交流这一主
题。我们很容易将全部的时间用于探究"做什么"，而忘记了首
先应考虑"如何做"。思维的转变会对个人绩效产生巨大的影
响，组织绩效最终也会发生改变。

> "持续的改进不会因申明或官方计划而发生。通过关
> 注工作中不为人察的细微行动能带来文化的变化。从某
> 种程度来说，文化就存在于我们此刻所站立的房间内。
> 只有这房间内的文化发生了变化，组织其他地方的文化
> 才有可能发生变化。这是一种自内向外的变化。"
>
> ——彼得·布洛克

来自非高层的领导

但假如一开始没有高层领导者带领人们培养各层次的领导力呢？没关系，你只需要从别的地方开始。

我很高兴地告诉大家，我们曾目睹过一些绝佳的人物范例，他们虽非组织的最高层领导，却激发了周围人的兴趣，与同事和客户一起开展行动。在一家大型组织工作时，我们奉行的一大原则是"随能量行事"。也就是说，总有一些人会比其他人更急迫、更乐意进入领导领域。我们已经学会了如何支持他们点燃火把并形成燎原之势。

例如，在本书的"未来"一章（第3章）里，我曾讲述过斯蒂芬的故事，他时任人力资源部主管。他希望组织成功，因此经常去找总裁理查德面谈或者给他写信，讲述自己看到的领导状况，指出不足之处。他的行为促使我们及时地针对几百名高层领导者进行了 FED 培训。正如我在那一章里所写的，事后理查德说，FED 对"公司的抱负、文化和绩效均产生了重大的影响"。所有的一切都源于个人追求中包含了组织的成功。现在请审视你自己：

●你点燃更多的火花时会怎样?

●还有哪些人愿加入你的行列?

●组织的领导力对你而言有多重要?

●如何做才能对组织领导力产生比目前更大的影响?

> "到我们步入青春期时,世界对我们的塑造远大于我们意识到的。家人、朋友的言传身教和社会中的范例都告诉了我们应如何生活。但是,只有当我们自己决定如何生活时,我们才开始成为领导者。"
>
> ——沃伦·本尼斯

最后两点想法

我之前已尽力阐述过这一思想:若能在实践中运用 FED 法,组织绩效必能得到改善。为了帮助组织走向卓越,还要铭记两个更高层次的理念。

我初次看到第一种理念时便被深深打动了。我在戈沙尔(Ghoshal)和布鲁克(Bruck)撰写的一篇文章中看到了它。两人在研究了高效领导者具备的要素后提出了这一理念。他们发现，真正高效的领导者/管理者关注的是：

"实现与组织的整体目标完全一致的个人目标"。

也就是说，高效领导者并不是在实现令他们感觉良好的组织目标，他们最重视的首先是"实现个人目标"。这可能会让具有旧式思维的领导者感到威胁，但我们已认可了这一点。我曾在"激励"一章（第 4 章）中指出，组织的领导者需要进行转变，但有时不需要。我写道：

"在激励方面，关键是激发对他人有益的可能性。许多领导人并不清楚这种焦点的转变。他们可能对未来非常兴奋，而且理所当然地认为别人也是如此。有时候别人可能会如此，但你要做的是，帮助别人看到自己的可能性，明确他们重视什么。"

这是二者兼顾型的目标。要领导一个组织，你必须自己想做出一番成绩，同时还要鼓励别人做出一番成绩。

第二个理念很好地刻画了这种兼顾。有人曾经说，他想让组织内的人"既不受约束又受到限制"。也就是说，我们都会在一定条件的约束下，在愿景、战略或目标的指引下工作。然而，我们可以在这个范围之内有所追求，并为之努力奋斗。这是很好的视角，我们可以运用它审视领导者，发现他们的优势和劣势。现在考虑自己：

●你善于设定明确的限制性条件吗？

●你是否邀请他人与你一起完善这些限制性条件，使之更加不可撼动？

●你在帮助他人摆脱束缚方面表现如何？

●如果你的意图是每天都能有所作为和帮助他人摆脱束缚，结果会怎样？

很少有人敢说自己精通所有的领域，但我们可以在实践中不断提高自己。你组织内的高级领导者表现如何？他们在这些方面需要帮助吗？这些理念能否提高他们的领导质量？

小　结

旧的领导力和组织思维认为，领导力只存在于高层，我们决不能被这种思维所束缚。是时候好好考虑如何才能使组织正常运转了。我认为各个层次的领导力才是主要答案。以"仆人式领导"思想著称的罗伯特·格林里夫（Robert Greenleaf）就曾坚定地指出：

"谁在阻碍我们更快地建立一个合理的、资源充足的美好社会？谁应当为我们如此之多无所建树的机构负责？不是邪恶之人，不是愚蠢之人，不是冷漠之人，亦不是'体制'，真正的敌人是善良、聪明、至关重要的人的头脑里的糊涂思想及他们的领导不力。"

我每周都会遇见善良、聪明、极为重要的人，我总是鼓励他们运用 FED 的简单理念澄清心中的"糊涂想法"，并确保不会"领导不力"。

FED 实践

布兰德学习咨询公司（BRAND LEARNING）的故事

姆海里·麦克尤恩（Mhairi McEwan）和安迪·波德（Andy Bird）是布兰德学习咨询公司的联合创始人，该公司致力于培养营销能力，是一家全球领先的咨询公司。尽管两位创始人热衷于发展国内外的业务，但他们也很重视工作方法。他们重视员工的评价和发展，同时也为员工打造了绝佳的工作场所。所以，毫不奇怪，2011 年公司荣获了《星期日泰晤士报》（*The Sunday Times*）评选的"最适宜工作的最佳小公司"称号。

续

> 几年前我初遇安迪，那时我们共同负责营销协会的营销领导力培训项目。他目睹了 FED 法给参与者带来的影响后，也想让自己公司的员工学习这一方法，以从中获益。能与姆海里和安迪合作，我倍感荣幸。这两位领导人身上展现了 FED 的诸多精髓，正如他们所说的：
>
> "就我们团队而言，FED 的关键价值是提供了一种通用语言，我们可运用它建立人际关系，开诚布公地就人们一起工作的感受进行深入地对话，无论是个人还是团队都能得到成长。
>
> 我们不只在领导团队内部运用 FED 法，还在整个组织进行了推广。我们让每个人都了解了关键的思想和概念，整个公司的人都能成为个人发展和成功的支持力量。它大大提高了我们组织文化的开放性。"

Leadership-Plain and
Simple

结 论

　　我希望，现在你已经对追求的目标及其实现方法有了更明确的认识。你也更明确了我所追求的目标。

　　我相信，领导力是促使组织繁荣和人们多数时候做到最好的最重要的因素，但有太多的人难以领会这一真谛，而且有更多的人甚至不把自己视为领导者。

　　我想改变这一切。我的抱负是，无论职务或头衔如何，让人人都知道如何使自己和他人成长为领导者。而且，我想要的未来是这样的：整个组织能就"我们现在的领导如何"和"如何才能做得更好"这两个问题定期开展对话。

　　因此，无论是促进自己还是他人的成长，无论何时在组织内开启有关领导质量的对话，都可以参考本书。在任何地方都可以利用本书改善领导质量。

　　我相信本书的关键特点是"简单"。过去我们把领导力看得过于复杂、高深了，我认为，你并不需要掌握太多的理论，只需要铭记少数重要的思想并进行大量的练习即可。

　　以下是对未来—激励—践行思想的最后总结，你只需要在领导力的这三个方面不断练习。

未　来

1. 你有所追求，力求做出一番成绩。你想要的未来与你在乎的事物相关联，未来指引着你现在成为什么样的人，做什么事。

2. 后退几步，认清大局。持续关注和把握背景、整体形势。

3. 这样的练习能助你摆脱操作者/管理者模式。是的，你可以在一段时间内处于这种模式，但无必要时，要跳出这一模式。

4. 通过明确刻画你想成为的领导者的形象，帮助你更多地处于领导者模式。

5. 所有这些都能使你保持饱满的精神能量并振奋他人的精神。

激　励

1. 你每天都在寻找机会激励他人与你一起建设未来。

2. 运用激励的层次模型。考虑哪些人在哪些层次以及你想让他们处于哪些层次。

3. 要认识到你的激励发生在你的关系之内，因此要不断建设你的关系，使它们大到足以完成工作。

4. 寻求反馈有助于了解自己带来的光辉和投射的阴影。

5. 在整个过程中，你要学会运用和管控情绪能量的威力，这一能量通常未得到充分开发。

践　行

1. 首先要确保你正寻求借助他人践行。

2. 对你现在想要践行的目标，你要有决心，有承诺，因为它与你想要的未来直接关联。

3. 通过积极培养他人成长为领导者而非优秀的追随者，你能做到未来多践行。这么做是因为你致力于他人的成功和组织的长期成功。

4. 通过练习领导者的践行对话，开启更加强力的对话，特别是提出大要求，你能实现这一切。

你可以通过有意识地练习促进你在这些领域的进步。拥有一支人员配备齐全、行动积极的支持团队能提高你学习和成长的速度。要不断地突破自身局限，在多数时候做到最好。

你已经具备了强大的领导力量，它能使你创造更加辉煌的未来。参考 www. futureengagedeliver. com 上定期更新的提示，铭记上面有益的练习。如有进步，烦请告知。

恭祝你心想事成。期盼你的来信！

史蒂夫

Leadership-Plain and
Simple

致　谢

还要感谢另外一些人，阅读他们的大作令我受益匪浅。特别感谢我本书中引用过其文献的作者。下面所列作者及他们的大作均对我思想的形成产生了特别重要的影响。你可以登录本书的网络支持页面 www. futureengagedeliver. com/book，查看与未来—激励—践行相关的练习。

Abbey，A.（2008）*Stop Making Excuses and Start Living with Energy*，Chichester：Capstone Publishing Ltd.

Argyris，C.（1994）'Good Communication that Blocks Learning'，*Harvard Business Review*，72(4)：77-85.

Bennis，W.（1997）*Why Leaders Can't Lead：The Unconscious Conspiracy Continues*，California：Jossey—Bass.

Bennis，W. and Goldsmith，J.（2010）*Learning to Lead：A Workbook onBecoming a Leader*，Cambridge，MA：Basic Books.

Bennis，W. and Ward Biederman，P.（1997）*Organizing Genius：The Secrets of Creative Collaboration*，Cambridge，MA：Perseus Books.

Bennis，W. and Nanus，B.（2003）*Leaders：Strategies for Taking Charge*，New York：Harper Business Essentials.

Bossidy, L., Charan, R. and Burck, C. (2011) *Execution: The Discipline of Getting Things Done*, New York: Random House.

Buckingham, M. and Coffman, C. (2005) *First, Break All the Rules: What the World's Greatest Managers Do Differently*, London: Simon and Schuster.

Collins, J. (2001) *Good to Great: Why Some Companies Make The Leap ... And Others Don't*, New York: HarperCollins.

Collins, J. and Porras, J. (1994) *Built to Last: Successful Habits of Visionary Companies*, New York: HarperCollins.

Conger, J. (1998) 'The Necessary Art of Persuasion', *Harvard Business Review*, May/June.

Covey, S. (2004) *The 7 Habits of Highly Effective People: Powerful Lessons in Personal Change*, London: Simon and Schuster.

DePree, M. (2004) *Leadership is an Art*, New York: Crown Business. Ditzler, J. (2006) *Your Best Year Yet: How To Make the Next 12 Months Your Most Successful Ever!*, London: Harper Element.

Drucker, P. (1999) *Managing for Results*, Oxford: Butterworth—Heinemann.

Dwoskin, H. (2007) *The Sedona Method: Your Key To Lasting Happiness, Success, Peace and Emotional Well—being*, Sedona: Sedona Press.

Ghoshal, S. and Bruch, H. (2002) 'Beware the Busy Manager', *Harvard Business Review*, 80(2): 62-69.

Ghoshal, S. and Bruch, H. (2004) 'Reclaim your Job', *Harvard Business Review*, 82(1): 41-80.

Godin, S. (2008) *Tribes: We Need You To Lead Us*, New York: Portfolio.

Goffee, R. and Jones, G. (2006) *Why Should Anyone Be Led By You?: What It Takes to Be An Authentic Leader*, Boston MA: Harvard Business School Press.

Goldsmith, M. and Morgan, H. (2004) 'Leadership is a Contact Sport: The "Follow — Up" Factor in Management Development', *Strategy + Business*, 36(Fall).

Goleman, D., Boyatzis, D. and McKee, A. (2002)

Primal Leadership: Realizing the Power of Emotional Intelligence, Boston MA: Harvard Business School Press.

Greenleaf, R.K. (2003) *The Servant—Leader Within: A Transformative Path*, Toronto: Paulist Press International.

Hamel, G. and Prahalad, C.K. (1989) 'Strategic Intent', *Harvard Business Review*, May.

Hamel, G. and Prahalad, C. K. (1993) 'Strategy as Stretch and Leverage', *Harvard Business Review*, March.

Handy, C. (2002) *The Age of Unreason*, Random House Business.

Handy, C. (1998) *The Hungry Spirit: Beyond Capitalism -A Quest for Purpose In The Modern World*, New York: Broadway Books.

Hargrove, R. and Senge, P. (1998) *Mastering the Art of Creative Collaboration*, BusinessWeek Books.

Heider, J. (2005) *The Tao of Leadership: Lao Tze's Tao Te Ching Adapted for a New Age*, Florida: Humanics Publishing Group.

Heifitz, R.A. and Linsky, M. (2002) 'A Survival Guide for Leaders', *Harvard Business Review*, June.

Katzenbach, J.R. and Smith, D.K. (2003) *The Wisdom of Teams: Creating the High Performance Organization*, New York: HarperBusiness Essentials.

Kelley, R. E. (1988) ' Management by Whose Objectives', *Harvard Business Review*, Nov/Dec.

Kotter, J. (1999) 'What Effective General Managers Really Do', *Harvard Business Review*, March/April.

Kotter, J. (2007) 'Leading Change: Why Transformation Efforts Fail', *Harvard Business Review*, Jan.

Kouzes, J. and Posner, B. (2007) *The Leadership Challenge*, 4*th edition*,California: Jossey—Bass.

Loehr, J. and Schwartz, T. (2003) *On Form: Achieving High Energy Performance Without Sacrificing Health and Happiness and Life Balance*, London: Nicholas Brealey Publishing.

Macleod, D. and Brady, C. (2007) *The Extra Mile:*

How To Engage Your People to Win, Harlow: Financial Times Prentice Hall.

Mintzberg, H. (2004) *Managers not MBAs: A Hard Look at the Soft Practice of Managing and Management Development*, Harlow: Financial Times Prentice Hall.

Owen, Harrison (1999) *The Spirit of Leadership: Liberating the Leader in Each of Us*, California: Berrett — Koehler Publishers, Inc.

Owen, Harrison (2000) *The Power of Spirit: How Organizations Transform*, California: Berrett—Koehler Publishers, Inc.

Owen, Hilarie (2000) *In Search of Leaders*, Chichester: John Wiley and Sons,Ltd.

Parks, S.D. (2005) *Leadership Can Be Taught: A Bold Approach for a Complex World*, Boston MA: Harvard Business School Press.

Pascale, R.T. (1990) *Managing on the Edge: Companies that Use Conflict to Stay Ahead*, New York: Simon and Schuster.

Pearce, T. (2003) *Leading out Loud: Inspiring Change Through Authentic Communication*, California: Jossey—Bass.

Robinson, G. (2004) *I'll Show Them Who's Boss: The Six Secrets of Highly Effective Management*, London: BBC Books.

Rogers, C. R. (1996) *A Way of Being*, Boston, MA: Houghton Mifflin.

Rogers, C. R. and Freiberg, J. H. (1994) *Freedom to Learn*, *3rd edition*, Harlow: Pearson Prentice Hall.

Rosenberg, M.B. (2003) *Nonviolent Communication: A Language of Life*, *2nd edition*, Encinitas, CA: PuddleDancer Press.

Schaffer, R. (2000) 'Demand Better Results -and Get Them', *Harvard Business Review*, August.

Schein, E.H. (2010) *Organizational Culture and Leadership*, *4th edition*, California: Jossey—Bass.

Senge, P. (2006) *The Fifth Discipline: Art and Practice of the Learning Organization*, *2nd edition*, London: Random

House Business.

　　Smith, C.E. (1997) *The Merlin Factor：Keys to the Corporate Kingdom*, Surrey：Ashgate Publishing.

　　Syed, M. (2010) *Bounce：How Champions are Made*, London：Fourth Estate.

　　Thaler, R.H. and Sunstein, C.R. (2009) *Nudge：Improving Decisions about Health, Wealth and Happiness*, London：Penguin Books.

　　Tichy, N.M. (2002) *The Leadership Engine：How Winning Companies Build Leaders At Every Level*, New York：Basingstoke：Harper Business Essentials.

　　Townend, A. (2007) *Assertiveness and Diversity*, Palgrave.

　　Vicere, A.A. and Fulmer, R.M. (1997) *Leadership by Design：How Benchmark Companies Sustain Success Through Investment in Continuous Learning*, Harvard Business School Press.

　　Wheatley, M.J. (2006) *Leadership and the New Science：*

Discovering Order in a Chaotic World, 3rd edition, California: Berrett—Koehler Publishers, Inc.

Whyte, D. (2002) *The Heart Aroused: Poetry and the Preservation of the Soul in Corporate America*, New York: Doubleday.

Zaleznik, A. (1997) 'Managers and Leaders: Are they different?', *Harvard Business Review*, May.

Zander, R.S. and Zander, B. (2006) *The Art of Possibility: Transforming Professional and Personal Life*, London: Penguin Books.

图书在版编目（CIP）数据

　　天生领袖：激活潜在领导力的 FED 法则／（英）史蒂夫·拉德克利夫著；马林梅译. —— 长沙：湖南科学技术出版社，2019.5
　　书名原文：Leadership Plain and Simple
　　ISBN 978-7-5357-9921-0

　　Ⅰ. ①天… Ⅱ. ①史… ②马… Ⅲ. ①领导学 Ⅳ.①C933

　　中国版本图书馆 CIP 数据核字(2018)第 199757 号

著作权合同登记号：18-2019-034
中文简体字版权专有权归湖南科学技术出版社所有
LEADERSHIP PLAIN AND SIMPLE
978-0-273-77241-5 by Steve Radcliffe, Copyright © Steve Radcliffe 2010, 2012
This translation of Leadership Plain and Simple is published by arrangement with Pearson Education Limited.
Simplified Chinese Translation copyright © 2019 by Hunan Science&Technology Press.
ALL RIGHTS RESERVED

TIANSHENG LINGXIU JIHUO QIANZAI LINGDAOLI DE FED FAZE
天生领袖　激活潜在领导力的 FED 法则
著　　者：[英]史蒂夫·拉德克利夫
译　　者：马林梅
责任编辑：汤伟武　李　柔
出版发行：湖南科学技术出版社
社　　址：长沙市湘雅路 276 号
　　　　　http://www.hnstp.com
湖南科学技术出版社天猫旗舰店网址：
　　　　　http://hnkjcbs.tmall.com
印　　刷：长沙超峰印刷有限公司
　　　　　（印装质量问题请直接与本厂联系）
厂　　址：宁乡市金州新区泉洲北路 100 号
邮　　编：410600
版　　次：2019 年 5 月第 1 版
印　　次：2019 年 5 月第 1 次印刷
开　　本：880mm×1230mm　1/32
印　　张：8.5
字　　数：140000
书　　号：ISBN 978-7-5357-9921-0
定　　价：48.00 元
（版权所有·翻印必究）